基于创新教育理念下的高校教育管理

范 晔 ◎ 著

吉林出版集团股份有限公司

图书在版编目（CIP）数据

基于创新教育理念下的高校教育管理 / 范晔著. —长春：吉林出版集团股份有限公司，2022.7
ISBN 978-7-5731-1635-2

Ⅰ.①基… Ⅱ.①范… Ⅲ.①高等教育－教育管理－研究－中国 Ⅳ.①G649.2

中国版本图书馆CIP数据核字（2022）第111022号

基于创新教育理念下的高校教育管理

著　　者	范　晔
责任编辑	郭亚维
封面设计	林　吉
开　　本	787mm×1092mm　　1/16
字　　数	230 千
印　　张	10.5
版　　次	2022 年 7 月第 1 版
印　　次	2022 年 7 月第 1 次印刷
出版发行	吉林出版集团股份有限公司
电　　话	总编办：010-63109269
	发行部：010-63109269
印　　刷	北京宝莲鸿图科技有限公司

ISBN 978-7-5731-1635-2　　　　　　　　定价：65.00 元

版权所有　侵权必究

前　言

高校教育保障的目标是提高教学质量，宗旨是培养人才。教学管理的良好运营环境是由科学的教学管理体制创造的。为了使科学制度的目标得以实现，必须站在地方高校本身的实际情况的角度，与管理学理论进行充分结合，制定教学管理制度；同时，与其他高校做好经验交流，借鉴长处；教师要做好总结与反思；加强由学生组成的信息反馈网络的构建，准备好日常教学计划。

在社会多元化的影响下，传统的说服教育和集中学习管理方式已经不能完全满足时代的要求，因此高校应对管理途径进行创新，激发党员的模范带头作用，推行党员挂牌体制，使学生在其带动下认真学习，自觉遵守校风校纪，形成良好的学习风气。同时通过科学的网络技术来促进信息的沟通，通过专业的网站提高网络教育管理的效率和水平，使高校学生对新型学习模式产生浓厚的兴趣，满足其个性化的学习需求，使高校教育管理工作迈向新的台阶，走向更加美好的未来。

我们在培养创新人才时要创造一个有利于人才孕育的良好先决条件，应高度重视培养学生的创新能力，使得有利于创新能力的养成和发挥的社会条件能够很好地建立，同时为提高学生的创新意识和能力提供物质基础。另外，高校应该更加努力地创造个体文化交流的环境，以阐释个体的一切活动，体现社会的互动。

目前我国经济正在高速发展，创新教育的实施促进了精神层面的进步和社会财富的高速增长，所以我们要依托目前的创新型教育体制，让具有创新意识、创新精神的人才得到很好的培养，使社会发展得到很好的推动。

作者
2022.5

目 录

第一章 管理与教育管理概述 ·········· 1
 第一节 管理概述 ·········· 1
 第二节 教育管理概述 ·········· 6

第二章 教育管理的科学理论基础 ·········· 15
 第一节 古典管理理论 ·········· 15
 第二节 行为科学管理理论 ·········· 20
 第三节 现代管理科学理论 ·········· 28

第三章 教育管理发展趋势 ·········· 48
 第一节 教育管理发展的历史与现状 ·········· 48
 第二节 现代教育管理的发展趋势 ·········· 50
 第三节 教育管理现代化的理性思考 ·········· 55

第四章 学校德育管理理论与实践研究 ·········· 60
 第一节 学校德育管理的重要性 ·········· 60
 第二节 学校德育内容与任务 ·········· 61
 第三节 学校德育管理实效性提高的方法 ·········· 65

第五章 学校师生管理的理论与实践研究 ·········· 71
 第一节 学生管理工作的特点、观念与内容 ·········· 71
 第二节 学生管理工作的基本原则 ·········· 76
 第三节 教师管理的地位和作用 ·········· 79
 第四节 教师管理现状与教师管理制度创新 ·········· 84

第六章　基于创新教育理念下高校教育管理 …… 94

第一节　柔性管理理念下高校学生管理 …… 94
第二节　高校教育宏观管理体制的创新 …… 97
第三节　新公共管理视角下民办高校教育 …… 99
第四节　新时代创新高校教育精细化管理 …… 103
第五节　生态管理维度下高校教育质量管理 …… 109
第六节　我国高校职业教育管理工作模式 …… 115
第七节　"双一流"建设创新我国高校教育管理 …… 120
第八节　全面质量管理框架下高校教育管理 …… 126

第七章　高校教学管理的实践应用研究 …… 131

第一节　办公自动化在高校教学管理中的应用 …… 131
第二节　高校教学教务管理的信息化应用 …… 133
第三节　高校两级教学管理模式在排课中的应用 …… 135
第四节　人文关怀在高校教学管理中的有效应用 …… 139
第五节　高校教学管理中激励理论的应用 …… 141
第六节　OA系统在高校教学管理中的应用 …… 144
第七节　高校教学管理中计算机技术的应用 …… 147
第八节　社交软件在高校教育教学管理中的应用 …… 151
第九节　案例教学在高校工商管理专业教学中的应用 …… 155

参考文献 …… 160

第一章 管理与教育管理概述

第一节 管理概述

管理是人类社会最古老、最普遍的现象之一。自从有了人类社会，人类就有了管理活动。在我国古代，很早就有了关于管理实例的记载。例如，我国战国时期成书的典籍《周礼》中，就专门有关于行政管理制度和责任制度的叙述。在《孟子》和《孙子兵法》中，也有记载计划、组织、指挥、用人等方面的管理思想的。尤其是孙武的《孙子兵法》，更被公认为古代东方的管理学杰作，书中所谈到的有关军事谋略，直到今天仍有参考价值。此外，在《论语》《韩非子》《史记》《资治通鉴》等古代名著中，都可以找到与管理有关的论述或思想。我国的官僚机构，早在公元前1000年就发展成为层次分明、等级森严的管理体制。据国外学者研究，我国早在公元元年就已通晓劳动分工和组织部门化原理。一段刻存古代瓷碗上的文字表明，当时生产瓷碗的工场已有会计、安全、生产三个职能部门之分。

在古巴比伦、古印度、古埃及、古希腊、古罗马，也都到处可见人类管理活动的踪迹。古埃及的金字塔就是前人给我们留下的最好的管理现象。很难想象，没有出色的管理制度和管理方式，人类能在当时较低的技术水平和简陋的生存环境下创造出足以使整个人类文明引以为豪的建筑奇迹。甚至在对西方文明产生最深远影响的宗教经典《圣经》中，也有大量管理活动的记载。

一、管理的概念

管理是一切社会共同活动中不可缺少的一种活动，是社会生活中非常普遍的一种现象。马克思在《资本论》中就很形象地指出："一切规模较大的直接社会劳动或共同劳动，都或多或少地需要指挥，以协调个人的活动，并执行生产总体的运动，不同于这一总体的独立器官的运动所产生的各种一般职能。一个单独的提琴手是自己指挥自己，一个乐队就需要一个乐队指挥。"他又说："凡是直接生产过程具有社会结合过程的形态，而不是表现为独立生产者的孤立劳动的地方，都必然会产生监督劳动和指挥劳动。凡是有许多个人进行协作的劳动，过程的联系和统一都必然要表现在一个指挥意志上，表现在各种与局部劳动无关而与工场全部活动有关的职能上，就像一个乐队要有一个指挥一样。这是一种生产劳动，是每一种结合的生产方式中必须进行的劳动。"

在马克思的这段论述中，我们可以看到管理是社会共同劳动的产物。它的产生可以追溯到人类社会初期。当时人们为了获得生存所必需的物质资料、对抗来自大自然的威胁以及抵御野兽的侵袭，不得不三五成群，以群体而居。这就需要有人负责分配工作，协调各人的行动，合理地管理和分配劳动果实。最初的"管理者"由此产生。随着生产工具的不断改进，社会经济日益繁荣，社会不断进步，人与人之间的关系也越来越错综复杂，就更离不开管理。

那么，什么是管理呢？从词义学和词源学的角度出发，在我国"管"字的原意是指用竹管制成的吹奏乐器，由于古代的钥匙和这种乐器比较像，后来就把钥匙称为"管"，如《周礼》中记载："司门掌授管键，以启闭国门。"钥匙是开锁的关键所在，具有约束性，因此"管"的意思延伸为对人、财、物、事的制约和执掌，是一种权利、权威的象征；"理"字最初是指对玉的加工，后来把对黎民百姓的治理也叫作"理"，如《说文解字》中解释为"治玉治民为理"，它体现着一种艺术，表现为管理的水平和技巧。管理即为"管"和"理"的统一。英语中的"管理"（manage）一词来源于意大利文"maneggiare"和法文"manage"，原意为"训练和驾驭马匹"。

在管理的研究领域，不同的学派形成了各自的理论体系，因而对管理的解释也各不相同。如"科学管理之父"雷德里克·温斯洛·泰勒（1856—1915）于1911年出版的《科学管理原理》一书。他从个人认识角度出发，将管理很形象地描述为"确切地知道你要别人去干什么，并使他用最好的方法去干"。他对管理的这一定义涉及管理的目的、效率与方法，形成了对管理最粗浅的认识。

古典管理理论的代表人物、"经营管理之父"亨利·法约尔（1841—1925）于1916年出版的代表作《工业管理和一般管理》，从管理的组织过程出发指出："管理是所有人类组织（不论是家庭、企业或政府）共有的一种活动，这种活动主要由五项要素组成，分别是计划、组织、指挥、协调和控制。所以，管理就是实行计划、组织、指挥、协调和控制。"他虽然将管理的职能综合在了一起，但是没有说明管理的本质和具体的功能。

决策管理学家诺贝尔经济学奖获得者赫伯特·西蒙（1916—2001）从决策的

角度总结说:"决策是管理的心脏,管理就是由一系列的决策组成的,更确切地说管理就是决策。"他突出了管理的决策功能,对管理的本质认识又进了一步。

著名的管理学家小詹姆斯·唐纳利从系统论出发论述了管理在提高效率方面的重要性,他认为:"管理就是由一个或更多的人来协调他人的活动,以便收到个人单独活动所不能收到的效果而进行的各种活动。"

"现代管理学之父"彼得·德鲁克(1909—2005)结合他的管理实践活动指出:"归根结底,管理就是一种实践,其本质不在于'知',而在于'行',其验证不在于逻辑,而在于成果。所以,管理的唯一权威就是成就。"

经验主义学派的代表人物、美国管理学家欧内斯特·戴尔认为,"真正的管理人员永远是一个创新者"。他结合知识经济的要求强调了管理的创新特性,认为创新是当代管理和企业竞争的需要。

除此之外,还有很多关于管理概念的论述,不再一一列举。人们站在不同的角度看管理,从不同的角度对管理做出了不同的解释,从而形成管理学流派林立,不同理论或多或少相互矛盾但又同时并存的格局。这不仅反映了人们研究立场、方法和角度的不同,同时也反映了管理科学的不成熟性。

综合上述的管理理念,笔者认为应从以下几方面理解管理的内涵:

第一,管理作为一种社会活动,是在特定组织或集体中产生并发展的,单枪匹马无所谓管理。

第二,管理活动有着明确的目的,这种目的是管理者根据组织的目标制订的。任何组织都有明确的目标,管理的存在就是为了实现组织的目标。盲目的活动无所谓管理。

第三,管理活动要达成组织目标,需要合理地利用各种有效的资源。这些资源包括人力、物资、资金、时间、信息、技术等。这些资源就是管理的中介。没有资源,管理就无法进行下去。

第四,管理活动要达到既定的目标,必须经历相对完整的一系列过程对各种资源实施管理。这一过程主要包括如下阶段:计划、组织、指挥、协调、控制。

第五,管理活动的实质就是提高效率。从管理学角度来讲,效率是指在特定时间内,组织的各种投入与产出之间的比率关系。效率与投入成反比,与产出成正比。充分地利用现有资源,最大限度地提高工作效率,是管理活动的终极目的。

以上五个方面的要素,缺一不可。其中,组织是管理活动赖以存在的场所,目标是管理活动追求的方向，资源是管理活动实施的对象，过程保障管理活动的顺利进行，效率是管理活动追求的结果。五个方面有机结合，就形成了管理活动的含义。因此，所谓管理，就是在组织中有关人员通过计划、组织、指挥、协调与控制等活动对人力、资金、物资、时间、信息、技术等各种资源进行有效整合以实现预定目标和任务的活动过程。

二、管理的特征

管理作为社会生活中的一种活动，主要具有以下几个方面的特征：

（一）管理的两重性

管理的两重性是马克思主义关于管理问题的基本观点，指的是管理的自然属性和社会属性。管理的自然属性与一定生产力相联系，是一种不随个人和社会的意志而转移的客观存在。它产生于集体劳动过程本身。它应社会劳动的必然要求，对社会资源进行整合与协调。它自身有着一定的规律，并且只有遵循这些规律才能达到目的。从这个意义上来讲，管理也是一种生产力，因此管理的自然属性也称为管理的生产力属性。

管理的社会属性与一定的生产关系和社会制度相联系，是指管理作为人类的一种社会活动，必然是在一定的社会关系下进行的，必然要为特定的社会生产关系服务，从而实现其调节和维护社会生产关系的职能。它解决的是"管理为谁服务"的问题。其性质取决于社会制度的性质，在阶级社会中，它体现的是统治阶级的意志，并为维护统治阶级的利益服务，也必然受到一定社会制度和阶级关系的制约。从这个意义上来讲，管理的社会属性也叫作管理的生产关系属性。

管理的自然属性和社会属性是辩证统一的。一方面，二者是密不可分的。管理的自然属性总是在一定的生产关系下才能发挥作用；管理的社会属性也不能脱离管理的自然属性而存在，否则管理的社会属性也就成为没有内容的形式。另一方面，二者又是相互制约的。管理的自然属性要求与一定的生产关系相匹配，管理的社会属性也对管理的科学技术等方面产生积极或消极的影响。

（二）管理的目的性

管理的目的性是管理活动区别于其他社会活动的重要标志。管理活动从产生之日起就具有明显的目的性。任何组织进行管理，都是为了达到其组织目的，而管理目的就是组织中管理活动最终应达到的预期结果,是需要管理者合理配置各种资源,提高组织运行的效率来有效地实现组织的目的。因此,它体现的是社会劳动和社会团体的共同目的,而不是表现为某个成员或管理者单方面的目的。那些盲目的、无明确目标的活动,不能称为管理活动。

(三)管理的综合性

管理的综合性是指任何管理活动都要通过综合调配组织中的人力、物资、资金、时间、信息、技术等多种资源,合理利用多种影响因素,综合解决各种复杂的矛盾才能实现管理的目标。其具体表现为管理对象的综合以及管理途径、手段、方法的综合,管理主体的综合以及管理影响因素的综合等。

(四)管理的人本性

在管理的诸多要素中,人是决定性的因素。人的主动性、积极性、创造性发挥得如何,直接影响着管理的成效,并进一步影响着组织活动的成效。因此,任何管理都要以人为中心,把提高人的素质、满足人的需求、调动人的主观能动性、处理好人际关系等工作放在首位,这就是管理的人本性。

(五)管理的创新性

随着社会生产力的发展,社会生产劳动越来越趋于复杂。管理活动对象的复杂性及影响因素的多样性决定了管理必须不断变革,及时更新管理理念,创新管理方法,才能不断提高管理成效,进而推动社会的经济发展。

(六)管理的艺术性

管理的艺术性是指在原则性基础上的灵活性。它是由作为最重要的管理要素——人的主观能动性所决定的。人的主观能动性主要表现在人能够积极地思考,能够自主地做出行为决定。管理工作者只有充分地利用这种主观能动性,才能把人们的积极性和创造性调动起来,使人们自觉地为实现组织的目标去努力工作。为此管理活动应具有创造性,在不同的环境中,针对不同的人灵活地运用管理的基本原则,采取不同的管理方法,创造性地去解决实际问题,管理才可能成功。高超的管理艺术来自丰富的实践经验和渊博的科学知识。

三、管理的意义

管理作为一种普遍的社会现象，每个人都要与其打交道，要么从事管理，要么接受管理。社会的各行各业，无论是哪种性质的活动，政府的、军事的、企业的、教育的都需要管理。没有管理，就无法建立起人类社会的必要秩序，人类的社会生活和生产劳动就不能顺利进行。所以苏联管理学家波波夫在《管理学原理》中指出："管理是我们生活中不可缺少的一个组成部分，如果不缩小热力函数，不提高组织水平，不利用管理杠杆，人类就不可能向前发展。"有人甚至断言："面对现代社会的每个主要问题，分析到最后，总是一个管理问题。不管它是解决一个国家纠缠不清和令人讨厌的外交政策，还是环境污染；不管是处理犯罪事件，还是医治疾病；不管是经济工业化，还是教育青少年。每个社会问题，最后都要通过管理职能的某种方式求得解决。"

在当今社会，管理的重要性更被越来越多的人所认识。向管理要质量，向管理要效益已成为人们的共识。今天，管理与科学、技术共同构成现代文明的三大支柱。正因为如此，邓小平同志强调"要着重抓紧三个方面的学习：一个是学经济学，一个是学科学技术，一个是学管理""各方面的新情况都要研究，各方面的新问题都要解决，尤其要注意研究和解决管理方法、管理制度、经济政策这三方面的问题"。

具体来说，管理的重要意义表现在以下几点：有效的管理是组织正常运转并最终完成组织任务的根本条件；有效的管理是提高工作绩效的最主要的手段；有效的管理可以使组织成员职责分明，减少相互推脱责任；有效的管理可使机构内信息畅通；有效的管理可以合理地分配社会资源，缓解组织中的矛盾冲突，保持社会和组织的稳定。通俗地讲，通过有效的管理可以做到人尽其才、财尽其利、物尽其用，可以提高时间和空间的利用率，可以使信息交流更畅通、更准确、更及时。

第二节 教育管理概述

一、教育管理的含义

教育管理作为一种教育现象由来已久，它是伴随着教育活动的发展而产生和发展的，是涉及教育工作日常运转的实践活动。一般认为，人们在教育领域所从事的管理活动，就构成了教育管理活动。教育管理学界对"教育管理"概念的界定有多种，主要源于对教育管理的研究是从教育自身的规律去透视，还是按照社会管理的原理去研究，或者说是从两者"有机结合""相互渗透"的视角去观察分析。这实际上反映了教育管理的共同性、普遍性和特殊性、差异性的关系。

对教育管理可以进行广义的理解，也可以进行狭义的界定。广义的教育管理是指在一定的政治、经济、文化环境条件下，采用科学的方法，合理地组织教育资源，协调各种关系，以增进办学效益，提高办学质量，促进教育事业发展的活动，即人们对教育事业的管理，包括教育行政和学校管理。狭义的教育管理一般是指学校管理。从现代社会"大教育"的概念下来理解教育管理显然不仅仅是指学校管理。由于在整个教育管理系统中学校管理始终是最主要的组成部分，对教育管理现象的研究绝大部分集中于学校管理方面。因此，现有的一些研究就用学校管理替代了教育管理，但这并不妨碍我们对教育管理概念的全面理解。

教育管理的对象是教育活动本身，具体来讲就是对与教育有关的人力、资金、物资、信息等的管理。由此，对教育管理我们可以做出以下结论：

第一，教育管理是一项涉及多方面内容的管理活动。

教育是一种社会现象，存在于一定的社会环境之中，社会环境中的各个因素对教育的存在与发展都有着激励或制约的双重作用。教育管理则是在这种社会环境下依据科学的方法对教育组织及其组织中的人员进行预测、规划、组织、指导、监督、协调、激励、控制等，使有限的教育资源得到充分开发和合理配置，以实现提高教育质量、增进办学效益、促进教育事业发展的目的。因此，教育管理活动并不是一种孤立的现象，必然涉及政治学、经济学、文化学、管理学、伦理学、心理学、社会学、法学等多方面的知识与内容。同时，教育管理活动所指向的对象是教育中的人力、资金、物资、事件、时间、空间、信息等所构成的整体，不仅包括物质生活条件，还包括注入了人类主观意志的社会构件等。教育管理者的作用就是设计教育事业发展的战略目标和阶段目标，制订教育事业的发展规划和工作计划，建立和健全教育行政、教育业务组织，对教育工作的各个方面进行有效的指导、协调和控制，把处于分散、无序状态的各种要素集合成集中、统一、有序的因素，使教育事业在动态的环境下不断得到新的平衡。

第二，教育管理本身不是目的，而是一种手段。

任何国家经济和社会健康发展的最大财富就是它的学校系统。优质教育培养受过良好教育的劳动力,由此增加了国家发展过程中的经济资本。现代社会教育已构成一个规模庞大的事业,从学前教育到中小学义务教育,从普通高等教育到在终身教育思想基础上发展起来的各类成人教育,已形成一个人数众多、层次复杂、规模庞大的体系。因此,对教育事业进行有效的领导和管理,协调教育与社会其他事业的矛盾与关系,合理地规划和利用教育资源,才能保障这项庞大而又耗费资源的事业健康发展,实现国家的教育理念,最终保障全体公民受教育的权利。从教育本身来讲,教育管理不单单是为了领导教育,更重要的是要服务于教育。在教育管理活动中,无论是政策的出台、机构的设置、人员的调配,还是经费使用、检查监督等都是为了促进教育教学活动的顺利开展,实现教育目的。从此意义上来讲,教育管理者既是教育的领导者又是教育的服务者。只有通过教育管理者的一系列活动,解决教育教学过程中发生的各种问题,才能促使教育事业的不断发展和人才培养质量的提高。

第三,教育管理与其他管理既有相同之处,又有显著差别。

众所周知,教育在一个国家的公共事务中占有十分重要的地位,而对教育的管理则成为公共管理的重要组成部分。在教育管理活动中,国家行政组织对教育的管理,即教育行政管理在很大程度上带有公共管理的性质。一方面要追求公共利益,强调为公众服务,不受市场因素的干扰;另一方面要反映统治阶级的意志,具有至高无上的政治权利和权威,其人事管理系统要复杂和严格得多。而更大范围的教育管理活动则集中在各级各类教育机构对其内部活动的管理上,即学校管理上。相对来讲,学校管理也具有公共管理的一般的、共同的特征,但学校管理活动有着自身的独特性。作为一个专门培养人才的机构,学校管理更强调人的因素,尤其是人的心理因素所产生的作用。学校管理活动承担着育人的责任与义务,追求效率与效益不是学校管理的唯一目的或根本目的。同时,教育管理与企业管理也有相通的地方,企业管理的很多东西,特别是那些成功的管理经验,完全可以被教育管理活动所借鉴和引用。教育管理活动更多的要涉及道德、伦理等方面的问题,与企业追求利益最大化相比,教育管理活动则追求公平和公正,以实现教育机会均等、人的全面发展为崇高目标。

第四,教育管理并非完全的理性行为,但对教育管理现象的研究则是一种理性行为。

学校管理是学校管理者的自觉主体行为,这种行为既受教育观念的支配,遵循学校教育教学的客观规律和符合时代发展的教育理念，同时又受管理理论的驱动，在管理原理和原则的指导下采取行动，从这个角度来讲是一种理性行为。但是，学校管理中还包含着许多"非理性行为"，这是客观存在的。除了那些导致管理活动失败的"非理性行为"之外，还有一些能够对管理产生积极意义的"非理性行为"。例如，在管理决策中无法表达的预感、直觉、灵感所起的作用，管理过程中对教师和学生的情感激励，德育和运用思想教育方法中的"动之以情"，学校管理过程中应对冲突时所采用的特殊方法等。对造成学校管理活动失败的"非理性行为"人们需要尽力规避，而那些能够对管理产生积极意义的"非理性行为"则是不可避免的或者有时还是必需的。许多管理案例中这些看不见的"非理性行为"都起到了积极的作用，它们既合理，又对降低非理性行为做出了贡献。

　　从理论上来讲，教育管理学是一门兼容并蓄的学科。一方面是因为教育管理吸纳了教育学、管理学、社会学、政治学、心理学以及其他学科的理论。另一方面，在教育管理成为一门独立学科的发展过程中，人们对非教育环境中的各种管理理论进行了正确的评价、深入的探讨和借鉴。也就是说，企业、工商业以及其他行业的管理思想和管理经验在经过一定的论证和改革之后，被广泛地应用于教育管理中，相应的管理理论也被引入教育管理领域中，从而形成新的理论。由于学校与企业在文化方面存在着一定的差异，因此，对相关理论的借鉴必须经过认真分析并加以修正之后，才能应用到教育管理之中。

　　第五，教育管理是推动教育发展的重要手段，是一项充满挑战与生机的活动。

　　教育是一个涉及千家万户的事业，在现代社会已成为社会极其关注的焦点。而教育管理活动就像一个极为丰富、生动活泼的生命有机体。首先，教育管理是一项涉及高度价值的活动，在教育管理活动中，往往会碰见其他管理活动不常碰见的政治的、伦理的、道德的、法律的以及价值观方面的问题；其次，一项教育政策的出台会影响社会的各个领域，有时甚至会引起巨大的社会反响；最后，教育领域中的诸多问题还处于探索之中，很多东西还缺少定论，这就给教育管理带来了一定的难度，使教育管理者的管理活动充满了挑战性。与此同时，我们还应该看到，21世纪是一个充满机遇和挑战的时代，教育在创造未来的过程中担负着越来越重要的使命，而教育管理则担负着在教育领域中设计未来和安排未来的重任。目前，我国社会正处于经济体制转型期，人们观念的转变、利益的分化、生活方式的改变、价值取向的多样化等，都会深刻地影响教育管理人员、教师、学生和家长，使得教育管理成为一项充满机遇与挑战的活动。

教育管理作为人类社会的一种专门管理活动，正处于蓬勃发展的时期。我们可以看到，伴随着知识的激增和科学技术的飞速发展，教育对于个人、社会乃至整个国家生活的影响越来越大，有目的、有计划、得到精心组织的教育活动到处可见，教育管理对教育的影响也显得越来越重要。全世界每年有数以万计的人在从事这项活动，从各级教育行政部门担任行政管理的工作人员，到各级教育机构中的各层级的管理者以及相当数量的研究者，他们组成一个相当大的人才群体。正是由于他们的不懈追求和共同努力，教育事业才能够健康而有序地发展。

有学者认为，教育管理实际上是在规范和促进之间寻找一种平衡，是一种组织和人共同发展的双赢的管理。一方面教育的发展离不开规范，而规范就意味着约束和限制；另一方面，人们又希望通过管理来促进新的发展。教育管理者的任务就是努力去协调教育组织和个人利益的关系，最大限度地实现组织与人的平衡。一个优秀的管理者，应该是善于在教育与社会、学校与教师、教师与学生之间找到平衡点的人。教育管理活动最根本的价值就在确定这个平衡点的过程中得到了充分体现。

二、教育管理的特点

教育管理既具有一般管理活动共有的特点，又具有自身的特殊性，主要表现在以下方面：

（一）教育性

教育性是教育管理较之于其他管理活动的本质特性。教育管理活动本身不是目的，而是实现教育目的的一种手段。教育是培养人的一种社会活动。而作为教育主阵地的学校则将这一目标具体落实在三个方面，即教书育人、环境育人和管理育人。因此，教育管理的目标落实在育人上，即保障全体公民受教育的权利，并为实现国家的教育目的创造人力、物力、财力等各种条件。总之，无论是教育管理的过程、行为，还是教育管理的方法、内容，各个方面都应体现育人为本。

（二）延时性

延时性是教育管理较之于其他管理活动的又一个显著特点，具体体现在时间、空间、评价等方面。时间上的延时性是指对学生的管理不仅在当时对学生产生影响，管理的效应还将影响学生走上社会后的生活、工作、交往等各个方面，进而影响学生的终身发展。空间上的延时性是指教育管理不仅仅局限于学校教育领域，必须延续到对家庭教育、社会教育的管理，共同发挥家庭、学校、社会三个方面的教育功能。评价的延时性是指对教育的评价不能仅侧重于对教育活动眼前结果（如升学率）的评价，还要将眼前教育活动的考评结果与未来的跟踪考评结合起来。

（三）复杂性

复杂性是教育管理较之于其他管理活动的又一显著特征。教育活动是一项以培养人为目的的系统工程。作为教育培养对象的学生是活生生的人，人的发展受遗传、环境等诸多因素的影响，因而具有多样性和可变性，由此认识人的心理发展特点就比较困难。这就决定了教育活动并非工艺流程式的，它必须因人而异，因势利导。同时，教育的实施者教师的工作具有复杂性和创造性，因此认识教师的心理特点并在此基础上发挥他们的优势也是一项较复杂的工作。另外，教育实施的主阵地学校作为社会环境中的单位，无时无刻不受到来自社会诸多因素的影响，由此种种给教育管理工作带来了复杂性。

三、研究教育管理的意义

为什么要研究教育管理？简单的回答是：为了掌握教育管理的客观规律，懂得教育管理的科学理论和方法，以利于办好学校提高教育质量，更好地为现代化建设培养合格人才。联系我国当前的实际，笔者认为研究教育管理还应当看到以下三方面的需要：

（一）深入进行教育管理改革需要科学的理论指导

从党的十一届三中全会到今天，改革开放一直推动着我国社会的不断前进。改革开放是时代的潮流，也是中国实现现代化的根本保证。邓小平同志指出："没有改革，就不可能实现四个现代化。不打破思想僵化，不解放干部和群众的思想，四个现代化就没有希望。"中国的改革开放在不断深化，改革的力度也在进一步加大，特别是国有企业和政府机构改革在发展中还面临着各种矛盾和困难。这是中国改革开放事业发展的大趋势，也是中国教育事业改革的必由之路。

要保证教育改革正常地、健康地发展下去，就必须以正确的理论作为指导，否则我们就会陷入盲目性。现在已经出台和将要出台的改革项目，如干部任期制、教师聘任制、岗位责任制、产学合作制、一校两制、教学评估、干部考核、招生与分配制度改革、定员定编和优化组合、工资总额任务包干制等，对于这些改革项目，人们有不同的看法，对其利弊得失也有不同的评价。事实上不可能存在没有缺点的改革方案，几乎每一个方案都是利弊兼容一身，只不过是利大于弊，或是利小于弊而已。如果有正确的理论和政策的指导，方案得以正确的选择和实施，"利"必居于主导地位，"弊"也一定会处于次要地位。而缺乏理论的指导，容易造成管理上的失控，必然会影响改革的成效。所以，在每个改革项目出台之前，教育管理部门的领导人一定要广泛听取多方面的意见，进行决策的论证、可行性的分析和最佳方案的选择，力排个人主观成见和感情因素的干扰。

中华人民共和国成立后，我国曾经进行过多次教育改革，有时也称"教育革命"，其中有成功的经验，也有失败的教训。教育改革取得成功的时候，往往也是理论准备得比较充分，各级教育管理干部得到培训，人们有了改革的理论基础，掌握了改革的指导思想、政策和工作方法的时期，因此教育改革能达到预期的效果。相反，如果理论上准备不充分，多数干部和群众的思想觉悟不高，只是凭感情办事，上级怎么讲，下面就怎么做，其结果是可想而知的。例如，1958年提出要在十五年内普及高等教育。对于高等教育来说，什么叫普及、如何普及、能不能普及等一系列问题，并未认真研究，其结果可想而知。

另外教育改革中出现的一些问题，也需要理论的分析和解释。教育改革是社会改革的一个部分，具有社会改革的特点。现在社会上主张把竞争机制引入社会管理，提出改革要适应市场经济发展的要求。这需要人们正确认识教育的特点。教育既不应脱离社会现实情况，又必须研究教育与企业的不同之处，这是理论要解决的问题。

辩证唯物主义和历史唯物主义的认识论告诉我们，任何事物都是发展变化着的，并在发展变化中不断完善。社会主义实践就是一个自身不断发展完善的过程。在改革开放的新的历史条件下，教育改革将遇到许多新情况、新矛盾。例如，在教育改革中会出现新的教育体制与旧的教育体制共存的现象，这种共存必然会带来更多新的问题，如基础教育中仍然存在着的公费生与自费生的入学问题、自主择业与人才市场不成熟带来的分配工作中的不公正现象、实行学分制允许提前毕业与分配工作的计划性之间的矛盾、素质教育的提倡与追求升学率并存的现象、优化组合与校长无权解雇不合格工作人员的问题等，这些问题都需要理论的指导，需要进行理性的思考，才能找到解决问题的途径和办法。教育管理改革需要理论的指导，教育管理学应当以其科学的概念和理论体系,为教育管理的改革与发展提供理论依据。

(二)实现教育管理过程现代化、科学化需要理论指导

现代科学技术和现代化管理是提高经济效益的决定性因素,是使我国经济走向新的成长阶段的主要支柱,这是目前国际上公认的、最有权威性的观点之一。我国目前存在着科学技术落后、管理水平低、产品在国际市场上缺乏竞争力等问题。要改变这种状况,必须大力发展社会主义市场经济,发展科学技术,同时还必须实现管理过程的科学化和现代化。我国的教育事业同样存在着不少问题,如教育事业在发展的速度与规模、类型与结构、数量与质量、经费的分配与使用等方面都存在许多不合理的地方,特别是浪费严重。这些都不能适应社会主义现代化的建设要求,要改变这种状况,就必须从管理上进行改革。

教育管理过程的科学化和现代化,主要是指管理工作的信息化和最优化。我们要办好教育,就必须以现代科学管理理论做指导。研究教育管理工作的各个因素、各个工作项目之间的关系和联系,就需要采用调查、统计、测量、评估、诊断、实验等科学方法进行合理配置和调整,达到提高教育组织对外的适应力和对内的聚合力,这是实现教育管理目标最优化的重要条件。现代科学管理中,信息的采集、加工、传递是非常重要的,因此,我们必须改变管理过程中的指标粗放、信息传递缓慢和分散无序的状态,以提高管理的质量和效益。现行行政管理中,往往因为工作目标不明确、职责权利不统一、信息沟通不畅、法制不够健全、人际关系复杂,而造成管理混乱、效率低下。要实现管理现代化,彻底改变管理落后的面貌,就必须认真研究教育管理学。

(三)提高教育管理人员的专业素质,需要学习教育管理学

邓小平同志曾指出:"实现四个现代化是一场深刻的伟大的革命。在这场伟大的革命中,我们是在不断地解决新的矛盾的过程中前进的。"因此,管理人员一定要善于学习,善于重新学习。"当前大多数管理人员还要着重抓紧三个方面的学习:一是学经济,二是学科学技术,三是学管理。只有学习好,才可能领导好高速度、高水平的社会主义现代化建设。"可见邓小平同志非常强调管理的重要性,认为这对提高管理人员的专业素质起着十分重要的作用。

教育管理人员的素质是办好教育的前提条件。这里讲的素质是指教育管理人员的专业素质、品德和能力等内在特征。管理人员的素质是一个发展的概念,随着社

会的发展，教育管理人员的素质也要发展变化。中央有关领导同志曾经指出，教育管理人员应当是既懂得社会主义商品经济，又懂得教育的教育家。现在有些办教育的人，不懂得社会主义市场经济，也就不可能培养出适应社会主义市场经济发展的建设者和接班人。因此，我们要想培养大批合格的各级各类教育管理人员，就必须对他们进行专业教育培训，使他们不仅要懂得现代教育的性质、特点和各项工作的具体要求，还要懂得管理方面的理论和方法。教育管理人员不仅要了解教育方针、政策和各项教育法规，还要具有制订教育计划，进行教育调查、教育预测、教育检查与评估的实际能力，以及总结、交流、推广经验的能力，所以教育管理人员需要认真学习教育管理学。

第二章　教育管理的科学理论基础

第一节　古典管理理论

古典管理理论是指19世纪末20世纪初在西方一些国家形成的系统的管理理论。19世纪末20世纪初,科学技术水平和生产社会化程度有了很大提高,尤其是资本主义经济由自由竞争进入垄断阶段,企业规模扩大,管理工作日益复杂,劳资矛盾进一步加剧,经济危机频频爆发。这一切都表明,资本家原来那种家长式的行政管理和单凭经验办事的管理方法已不能适应生产发展的需要。在这种背景下,资本主义国家的一些企业管理人员、工程技术人员开始进行各种实验研究,总结管理经验,探求提高劳动生产率的新的管理方法。其主要代表是泰罗的科学管理理论、法约尔的一般管理理论和韦伯的行政组织体系理论。这三个理论被称作古典管理理论的三大支柱。

一、泰罗的科学管理理论

美国管理学家泰罗(1856—1915)是科学管理理论的创始人,在资本主义管理学史上被称为"科学管理之父"。他本来是一个工人,后来当过工长、绘图员、技术员和工程师,最后当上了总工程师和管理顾问。他一生还有许多发明和技术革新成果,获技术专利100多项。他在总结前人研究成果的基础上,通过管理方面的许多重要的试验研究如"搬运生铁块试验""铲铁砂和煤块试验""金属切削试验"等,提出了他的科学管理理论。他的主要著作有《计件工资制》(1895)、《工场管理》(1903)、《科学管理原理》(1911)。泰罗科学管理理论的主要思想可以概括为以下几点:

①科学管理的目的和中心问题是提高劳动生产率。

泰罗认为,最高的劳动生产率是工厂主和工人共同达到繁荣的基础。它能使工人关心较高的工资和工厂主关心的较低的劳动成本结合起来,从而使工厂主得到较多利润,工人得到较高工资,进而提高他们对扩大再生产的兴趣,促进生产的发展,达到工厂主和工人的共同富裕。

②科学管理的精华是要求管理人员和工人双方实行重大的精神革命。

精神革命就是工人和工厂主之间不要对立,不要把注意力放在多余的分配上,而应转向增加盈利的数量,在科学管理的基础上实现劳资双方彼此合作,共同增加生产,提高效率。

③标准化原理。

标准化原理,即通过对工人的每一个动作和每一道工序的分析研究,确定标准的操作方法,以代替过去工人单凭经验的操作方法。与此同时,实行操作所需要的工具和环境应标准化,并根据标准化的操作方法和环境的标准化,确定工人一天必须完成的标准的劳动定额。

④为了鼓励工人打破劳动定额,实行刺激性的差别计件工资制度。

⑤科学地选择"第一流的工人",并用科学的操作方法来培训他们,使他们真正地按科学的规律去操作。

⑥把计划职能和执行职能分开,使工人和管理部门分别执行不同的职能。

⑦实行职能组织制,将管理工作予以细分,使所有的管理者只承担一种或两种管理职能。

⑧实行例外原理。

泰罗提出高层主管人员为了减轻处理纷繁事务的负担,应把处理一般日常事务的权力授予下级管理人员,高层主管人员只保留对例外事项(重要事项)的决策和监督权。

泰罗的管理理论有许多弊病,所谓科学管理实际上是加强对劳动控制的手段,它使工人的意识和行动分离,丧失工作过程中的自主权,成为管理部门活动的生产工具。所谓"高效率"是以工人极度紧张的劳动为代价的。然而,这毕竟是人类管理活动史上的一次变革,它反映了当时机器工业生产中的某些客观规律,对以后的管理实践和理论发展有重要影响。正如列宁所说:"泰罗的管理理论一方面是资产阶级剥削的最巧妙的残酷手段,另一方面是一系列最丰富的科学成就。"

二、法约尔的一般管理理论

法国管理学家亨利·法约尔(1841—1925)是与泰罗同时代的人,他于1888年担任康门曲里·福尔亨包特矿业公司总经理,1918年任公司董事。由于长期担任企业领导工作,对工厂企业的组织、领导机构及组织管理的过程、原则等表现出极大的兴趣,并进行了卓有成效的研究。他的代表作是《工业管理与一般管理》(1916)。

法约尔认为管理和经营是两个不同的概念。企业的全部经营活动可以分为六项,而管理只是其中的一项。这六项活动是技术活动、营业活动、财务活动、安全活动、会计活动和管理活动。

法约尔认为管理包括五项职能,即计划、组织、指挥、协调和控制。法约尔还提出,为了实施这五项职能,必须遵循十四条原则,即分工、权限与责任、纪律、命令统一、指挥统一、个别利益服从整体利益、报酬、集权、组织等级、秩序、公平、人员的稳定、首创精神、集体精神。此外,法约尔还论述了社会组织的各级领导人应具有不同的知识结构以及企业人员的培养问题。

法约尔的管理理论受泰罗的科学管理理论的影响,但又与之有不同的特点。他把管理作为特有的概念加以理论研究,提出了管理职能和原则。他对管理职能的分析,提供了一套管理思想体系。他的管理原则基本上属于组织原则。

三、韦伯的行政组织体系理论

德国管理学家马克斯·韦伯(1864—1920)与泰罗、法约尔不同,他毕生从事学术研究,是当代德国有影响的学者和著作家。他涉猎的领域广泛,宗教、政治、社会科学方法论等方面的著作颇丰,代表作是《社会组织与经济组织理论》。特别是他提出的行政组织体系理论(又称官僚组织模式理论、科层管理理论)对西方古典组织理论的确立做出了杰出贡献,其基本观点是:

(一)职位分类

每个组织的存在都有其组织任务,组织任务的完成必须依赖各个工作部门,每个工作部门下面还有若干个工作岗位,每个工作岗位都应该专业化。组织的建设就是从职务岗位的划分开始的。

(二)权利分层

组织按照等级原则,从顶层到基层有一条权利线,每个层次有不同的职务、责任和权利。

（三）法定资格

每个岗位的人员都必须是称职的，所以组织以"法"的形式规定每个职位的任职资格和条件以及对他们考核的标准和方法。

（四）委以责任

除按规定必须通过选举产生的公职人员以外，官员是委任的，而不是选举的。在授权的同时要委以责任，他的行为必须对上级行政组织负责。

（五）遵纪守法

官员不属于任何一个社会组织的成员，其是为全体公民服务的，必须遵守行政组织的纪律和规则。

（六）理性关系

组织内部各个成员之间只讲理性，不讲感情。

（七）固定工资

官员领取固定工资，有明文规定的升迁制度，不得依行政职位之便获得工资以外的任何报酬。

管理学界认为，20世纪以来工商界的经济组织由家长式的管理演变成科层式管理，这样既反映了工业革命对工商业发展的要求，又体现了法制社会的必然结果。这种以责任制为基础、以权利为核心的理性组织的权威性对提高行政组织工作效率有积极意义。它是一种理想的组织，但不是现实的组织。

美国的古利克和英国的厄威克综合研究了泰罗、法约尔、韦伯的管理理论，认为这些管理理论可以相互补充，结合成一体化的古典管理理论。他们提出了适用于一切组织的八项原则，分别是目标原则、相符原则、职责原则、组织阶层原则、控制跨度原则、专业化原则、协调原则以及明确性原则。他们把古典管理理论中有关职能的理论系统化提出了有名的"七职能说"，即计划、组织、人事、指挥、协调、报告和预算。

四、古典管理理论对教育管理的影响

这一理论对美国乃至世界范围的教育管理都有深远而持久的影响。受泰罗科学管理理论的影响，教育管理人员开始注重办学质量和效益问题，甚至把泰罗的科学管理作为衡量学校管理的主要标准。如1908年达顿和斯奈登出版的《美国公共教育管理》的基本观点就是要注重管理的合理性和有效性，倡导用较少的管理资源取得较好的实际效果，注重专家的作用，采用行政方法对教育、教学工作进行业务分析，找出合理的标准的工作方法。这是泰罗的标准化管理和定额管理在教育管理上的最早应用。雷蒙德·卡拉汉在《教育与效率的狂热》一书中描述当时美国学校的校长为赶"时代潮流"，要求教师以分钟计算去安排工作，利用每一天时间。埃尔伍德·卡巴利在《公立学校的行政》一书中认为学校是一所将原料制成各种产品以满足各种生活需要的工厂，主张运用泰罗制总结城市学校的行政经验，并把这种方法运用到州和郡的公共教育组织和行政问题上去。富兰克林·鲍必特认为，要提高学校的行政工作效率，首先要确定学校"产品"的理想标准（毕业生的标准），其次是规定学校的"生产方式"和程序，最后是生产者（教师）必须具备的资格和工作准则。教师要遵守由专家制订的"详细的教学计划所应达到的标准，所应用的方法与所使用的教材"。这种效率、成本和标准化的观念对传统教育管理产生了很大的冲击，使教育管理人员不得不放弃传统的教育管理观念和做法，转向接受工商业界的市场原则、价值标准和相应的管理行为。

在国外，人们对在教育管理中应用泰罗制有很多争议。从事实来看，泰罗制的管理思想对于实现学校管理的科学化，提高工作效率确实有着积极的作用。但它也存在着很多问题，如把工厂企业的管理方法完全照搬到学校管理上，忽视了教师劳动的特点，忽视了学校组织与工厂的区别；泰罗制所推崇的管理方法在学校管理中不一定完全适用，如标准化管理问题，如果学校管理过于强调统一和标准化，就会扼杀被教育者的个性发展，减弱教育价值；在教育管理中如果过分强调权利等级结构、规章制度、物质刺激，忽视教职工的心理需要，就不能有效地调动他们的积极性。

受韦伯行政组织体系理论的影响，美国教育管理学专家马克斯·阿博特提出的学校组织有许多特征是符合韦伯原则的。他认为学校组织具有分工等专业化特性，学校内部有着明确严格的纪律和规章制度，学校管理的理性化程度高，教职工是按照自己的职务、责任、工作量领取工资的。因此，要提高学校管理的效率就必须从学校组织建设的程序化和规范化做起。

总之，古典管理理论对教育管理无论是在观念上还是具体管理方法上都有深刻的影响。从观念上来说，它使教育管理人员认识到教育管理活动是可以控制的，通过设计一个合理的组织结构，编制一套完善的规章制度，遵循一系列科学的管理原则，再辅之以严格的奖惩手段，学校组织也能像其他组织一样，在有限的条件下实现最佳的管理目标。从具体的管理方法来说，如今学校里的许多做法都可见到泰罗制的影响，如表2-1所示。

表2-1 古典管理理论应用表

古典管理理论	适合于教育管理的例子
建立权利等级结构	控制的层次：教育局局长→校长→教导主任→年级组长→教师→学生
工作任务和作业水平的科学度量	全面测试学生在学科领域的能力等方面的情况，并按学习水平分类
规定工作的科学程序	三年级的知识有别于四年级的知识，并为四年级的知识做准备，依次类推
建立劳动分工	语文教师、数学教师、英语教师、历史教师、体育教师、教学辅助人员、校工
确定适当的控制幅度	中小学师生比为1∶40，正副校长之比为1∶3
制定行为规范	学生手册、教学常规管理条例、教师奖励办法
招聘人员以能力和专业为基础	对进入教育部门工作的人员要有教师资格证书
制订出完成任务的最佳方法	学校不断寻求课程的最佳教学法
在雇员中建立纪律	学生要遵守学校规章制度；教师要服从教育规范，为人师表

第二节　行为科学管理理论

从20世纪20年代开始，资本主义经济发展进入一个新的时期，科学的进步、技术的发展使生产规模不断扩大，新技术成就广泛用于工业部门，资本主义生产越来越机械化、自动化，它不仅对生产者水平的要求越来越高，同时也使生产者的"异化"程度越来越严重，人们成了机器的附属品。如何使人们摆脱机器的奴役，变被动劳动为积极劳动，成为新的研究课题。另外，由于工人阶级觉悟的提高，他们越来越要求经济上和政治上的民主权利，劳资矛盾进一步加剧。为了改善劳资矛盾，维护资本主义社会的稳定，西方学者开始重视对人以及人与人关系的研究。

一、人际关系理论

人际关系学说的创始人是美国哈佛大学教授梅奥（1880—1949）。他出生在澳大利亚，早年学医，后开始学习心理学，曾在昆士兰大学讲授伦理学、哲学、逻辑学，1922年执教于美国宾夕法尼亚大学金融商学院，1926年应聘哈佛大学。他的著作主要有《工业文明与人性问题》（1933）、《工业文明的社会问题》（1945）。

从1924年起，梅奥负责指导美国西屋电气公司霍桑工厂的试验研究。他们通过车间照明变化对生产效率影响的各种试验、工作时间和其他条件变化（如休息间隔、工间茶点）对生产效率影响的各种试验以及与全厂工人的谈话和对有关社会组织的试验分析，提出了他的人际关系学说，其基本观点是：

第一，人是"社会人"。

梅奥反对以往的管理理论中把人看作"经济人"的观点，认为人不但是追求金钱收入的，还有社会、心理方面的需要。人的思想行为更多地由感情来引导。因此，工资报酬、工作条件并不是影响劳动率的唯一因素，不能单纯地从技术、物质条件方面着眼，而应从社会、心理方面来鼓励工人提高生产率。

第二，正式组织中存在着非正式组织，这两者相互依存，共同影响着劳动生产率。

正式组织具有一定的目标，并由规章、制度、方针、政策等规定企业中各个成员之间相互关系和职责范围的一定的组织体系。非正式组织就是组织内部的成员在共同的工作过程中，由于共同的爱好、共同的倾向等共同的社会情感而形成的非正式团体。这些团体有自然形成的规范，其成员约定俗成地自觉服从。梅奥认为，非正式组织可以保护工人免受内部成员忽视和外部人员的干涉所造成的损失。非正式组织涉及每个人，不仅工人中有非正式组织，管理人员、技术人员中也有。管理人员既要强化正式组织，又不能忽视非正式组织的作用。

第三，新型的领导能力在于提高工人的满足度，从而提高劳动生产率。

梅奥从"社会人""非正式组织"的观点出发，认为金钱、经济刺激对提高劳动生产率只起第二位的作用，起重要作用的是工人的情绪和态度，即士气。而士气同人的满足度有关。职工的满足度主要是指对为获取安全的、归属的感觉等需求的满足度。满足度越高，士气越高，生产效率越高。他认为，在传统管理理论基础上形成的领导能力只重视物质、技术因素，不能适应工人社会需求方面的满足。新型的领导能力既要重视技术因素，又要重视生产中的人的因素，关心团体中的人际关系状况，努力提高工人的满足度，最终达到提高生产率的目的。

梅奥的人际关系学说要求管理者按照人的社会特性来改进管理，这不仅是对古典管理理论的重要补充，同时也开辟了西方管理理论发展的一个新领域和新阶段。在实践中，人际关系学说为调动职工积极性提供了新思路和新方法，如重视职工的感情因素，努力为他们创造一种愉快的工作环境，采取民主的领导方式，使下级有建议、参与管理的机会等。

二、行为科学管理理论

行为科学是运用心理学、社会学、社会人类学等学科理论和自然科学的实验、观察方法，研究人的行为产生的原因和影响行为的因素，以激发人的积极性、创造性的综合性学科。

霍桑试验的成功和梅奥提出的人际关系学说引起了学术界、企业界的极大反响。1949年，在美国芝加哥大学的一次跨学科会议上，讨论了是否可能利用现有的科学知识，寻找出人的行为规律的问题。讨论中，与会者充分肯定了人际关系理论的一系列研究成果，认为在此基础上有可能也有必要建立一门新的综合性学科，经过讨论，最后确定使用"行为科学"这一名称。20世纪50年代以后，行为科学真正发展起来，并受到美国政府的支持。1952年美国建立"行为科学高级研究中心"，1956年美国出版第一期行为科学杂志。20世纪60年代以后又出现了组织行为学的名称，重点研究企业组织中的人的行为问题。现在这门学科已经被广泛应用到各个部门，特别是经济管理部门。有人称行为科学标志着由以物的管理为中心的时代向着以人的管理为中心的时代转移。行为科学理论也成为管理人员培训的必修课，一些著名大学还设有行为科学系和研究中心。行为科学的研究领域非常广泛，以下是一些有影响的人物及其理论观点。

（一）有关人的需要、动机和激励理论

梅奥等人的人际关系研究，强调人是"社会人"和满足人的社会需要。以后的行为科学家在这方面又有所发展。他们指出，人的各种行为都有一定的动机，而动机产生于人的需要。在组织管理中可以根据人的需要和动机来加以激励，使人们更好地完成任务，并在这一过程中达到自我实现。这时的行为科学的研究重点从"社会人"发展到"自我实现的人"。这方面研究的主要理论有：

1. 马斯洛的需要层次理论

马斯洛（1908—1970），美国人本主义心理学家和行为科学家。他于1954年发表的《动机和人》，提出了人的需要层次理论。

马斯洛认为，人是"需要的动物"，随时有某种需要，当人的某一需要得到满足时，这一需要就不再是人的激励因素，他便有了另一种需要。人的需要由低到高分为五个层次，分别是生理需要、安全需要、社会需要、自尊需要和自我实现的需要。

马斯洛提出，人所追求的最终目标是达到自我实现，而不是金钱、名誉、地位。他认为，不管一个人的地位、身份、职业如何，只要他全身心地把自己的智慧、才能和精

力充分发挥出来就是达到了自我实现。当高级领导干部可以自我实现,当勤杂工也能自我实现,当主角、骨干可以自我实现,当配角、一般成员同样能自我实现。

2. 赫茨伯格的双因素理论

赫茨伯格是继马斯洛之后进一步研究激励动机的美国心理学家,其代表作有《工作的激励因素》(1959)(合著)、《工作与人性》(1966)。

赫茨伯格通过对美国匹兹堡地区200多名工程师和会计人员的访问谈话发现,使职工感到满意的都是属于工作本身或工作内容方面的,可以称之为激励因素;而使职工感到不满意的都是属于工作环境和工作关系方面的,可以称之为保健因素。保健因素不能对职工起到激励作用,但能预防职工的不满。

赫茨伯格进一步归纳出激励因素包括六项,分别是:工作上的成就、得到赏识、进步、工作本身、个人发展的可能性、责任。保健因素包括十项,分别是:公司的政策和行政管理、技术监督系统、与监督者个人之间的关系、与上级之间的关系、与下属之间的关系、薪金、工作安全性、人的生活、工作环境以及地位。

3. 弗鲁姆的期望理论

弗鲁姆是美国著名心理学家、行为科学家。他于1964年发表《工作和激励》,提出了期望理论。他认为,激励力 = 目标价值 × 期望概率。也就是说,人在行动之前,首先要对自己的行为目标进行选择,对目标价值做出判断。只有当目标价值比较高时,人们才努力追求这个目标。其次人们还要根据自己的条件考虑获得目标价值的可能性大小。只有当目标价值高,本人又有实现目标的把握时,人的积极性才是最高的;反之,某种目标价值对人们没有吸引力或没有实现目标的充分把握时,都不可能激发人们的积极性。

弗鲁姆的期望理论为管理者具体分析影响职工积极性的因素,从而有针对性地实施激励,有一定的指导作用和实用价值。

(二)人性理论

人性问题从来都是伦理学家争论的一个问题,也是管理学者研究的一个中心问题。不同的管理理论和方法背后有着不同的人性观。"科学管理理论"认为人是"经济人",梅奥提出人是"社会人",行为科学理论对此进行了更深入的研究。

1. 麦格雷戈的XY理论和莫尔斯、洛希的"超Y理论"。

麦格雷戈(1906—1964)是美国麻省理工学院教授,1957年首先提出X理论和Y理论的人性假设,并在他的《企业的人性方面》一书中予以表达。

麦格雷戈认为，每一位管理人员对职工的管理都基于一套人性的假定。他把传统管理对人的观点和管理方法叫 X 理论，其要点是：

①一般人的天性都是好逸恶劳，只要有可能就会设法逃避工作。

②人几乎没有什么进取心，不愿承担责任，而宁愿被别人领导。

③人天生就反对变革，把安全看得高于一切。

④要使人们真正想干活，就必须采取严格的控制、威胁和经常不断地施加压力。

麦格雷戈主张在管理指导思想上变 X 理论为 Y 理论，Y 理论是建立在人性和人的行为动机更为恰当的认识基础上的新理论，其要点是：

①人并非天生懒惰，厌恶工作，工作对于人们来说，正如游乐和休息一样是自然的。

②控制和威胁并不是促使人们为实现组织目标而努力的唯一办法，人们对自己所参与的目标能实现自我控制和自我指挥。

③人追求个人目标和欲望的满足，同实现组织的目标并不矛盾，只要组织领导有方，个人会处理好个人与组织的关系。

④在适当条件下，人们不但能接受，而且能主动承担责任。

⑤不是少数人，而是多数人在解决组织问题时富有想象力和创造力。那种对组织目标持消极态度和抵触情绪是由于组织的压力所致。

⑥管理的基本任务是安排好组织工作方面的条件和作业的方法，使人们的潜能充分发挥出来，更好地为实现组织目标和个人具体目标而努力。

在麦格雷戈提出了 X 理论和 Y 理论之后，美国的乔伊·洛希和约翰·莫尔斯选择了两家工厂和两家研究所进行对比试验，其中一家工厂和研究所按 X 理论实施严密的组织和督促管理，另一家工厂和研究所按 Y 理论实施宽松的组织和参与管理。结果发现，在研究所，实行 Y 理论管理的史托克顿研究所效率高于实行 X 理论管理的卡美研究所；而在工厂，实行 Y 理论管理的哈特福工厂效率低，实行 X 理论管理的亚克龙工厂效率高。据此，他们提出了超 Y 理论。他们的观点是：Y 理论并不到处都比 X 理论优越，企业的领导方式应以成员的素质而定。有的人希望有正规化的组织和规则条例来要求自己的工作，而不愿参与问题的决策去承担责任，这种人适合 X 理论指导管理工作。有的人却需要更多的自治责任和发挥个人创造性的机会，这种人则适合以 Y 理论为指导的管理方式。

2. 阿吉里斯的"不成熟—成熟"理论

美国哈佛大学教授阿吉里斯对人的个性与组织关系等问题进行了较多研究，提出了关于人的"个性与组织"的假说，叫作"不成熟—成熟"理论。

他认为，人的个性发展如同婴儿期到成年期的变化，即从被动到主动、从依赖性到独立性、从只能有少数几种行为方式到多种行为方式、从偶然淡漠的兴趣到深厚强烈的兴趣、从只有"现在"的时间观念到有"过去""未来"的时间观念、从附属于他人到成年独立、从缺乏自我意识到自我控制意识。他指出，一个人在这个"不成熟—成熟"连续的发展过程中所处的位置就体现了他自我实现的程度。

他认为，大多数组织机构都将他们的成员看作处于不成熟阶段，管理阶层把一切都紧紧控制不放，这就不能适应成熟人的个性发展需要。个人则可能采取离开组织，或对组织采取攻击、退守或冷淡态度等防御措施。为此，他提出了协调个性与组织需要的办法，即扩大职工的工作范围；采用参与制、以职工为中心的领导方式；使职工有从事多种工作的经验；加重职工的责任；更多地依靠职工的自我指挥和自我控制，使个人和组织都能实现自己的目标。

（三）有关领导行为的理论

一个领导者怎样领导一个集体，以怎样的方式进行领导，行为学家进行了广泛的研究，提出了各种理论，主要有以下几点。

1. 坦南鲍姆和施米特的"领导方式连续统一体"理论

最初研究领导方式的人把领导方式划分为独裁方式、民主方式两类，而人们在现实生活中发现领导方式远远不止这两类。美国学者坦南鲍姆和施米特把各种领导行为看作"连续统一体"，如图2-1所示：左边的领导人是一个独裁的领导者，右边的领导人是一个民主的领导者，从独裁方式的一端开始向民主一端过渡，权利的影响力在逐渐减弱，而民主力量在不断增强。这样可以划分出七类领导方式：

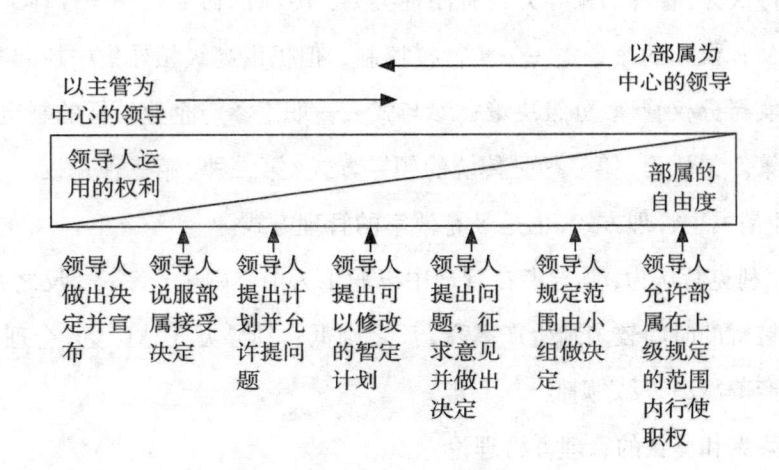

图2-1 领导方式连续统一体

①由领导者做出决策,不必同任何人商量,下级只有服从。

②领导者做出决策后,要对下级进行宣传解释,要求大家执行。

③领导者在决策前征求大家意见,但是不按下级意见修改。

④征求意见后进行修改,再做决策。

⑤领导者只提出需要解决的问题是什么,要求大家出主意、想办法,在群众意见的基础上做出决策。

⑥领导者要求群众提出问题和解决问题的办法

⑦领导者允许群众在自己负责的工作范围内,有权从实际情况出发解决问题。

他们认为,对这七种领导方式,不能抽象地认为哪种好、哪种不好。成功的领导人不一定是专权的人,也绝不是放任的人,而应该在具体情况下善于考虑各种因素,采取最恰当的行为。当需要果断指挥时,善于指挥;当需要职工参与决策时,能提供这种条件,这样才能取得最好的效果。

2. 利克特的"以员工为导向"和"以生产为导向"的领导两维层面理论

伦西斯·利克特是美国心理学家、行为科学家,于1961年出版的《管理的新模式》和1967年出版的《人群组织:其管理和价值》等著作中概括了他的研究成果。他指出,在所有的管理工作中,对人的领导是最重要的中心工作。决定企业生产率高低的决定因素是领导方式。生产效率高的企业采用的是以职工为中心的领导方式,即强调工作中的人际关系,关心人的需要和发展,重视人的作用。生产效率低的企业采用的是以工作为中心的领导方式,管理者只对技术方面感兴趣,对职工的监督过于严密,甚至动辄批评和处罚。

利克特认为,管理的领导方式有四种类型:专权的命令式——权利绝对集中,下级绝对服从;温和的命令式——实行授权制,但仍由高级领导集中控制和监督;协商式——实行分权管理、分级决策;参与式——职工参与企业目标的制定,下级参与上级的决策。他认为,第一种是传统的领导方式,第二种、第三种是权力主义管理方式,第四种是民主管理方式,也是最有效率的管理方式。

总之,利克特认为,领导者在管理中以职工为中心则生产率高,反之则低;领导者同职工接触的时间较多则生产率高,反之则低;领导方式越民主、合理,参与式程度越高生产率越高,反之则低。

3. 布莱克和莫顿的管理方格理论

美国学者罗伯特·布莱克和简·莫顿于1964年在他们合著的《管理方格》一

书中提出了该理论,如图 2-2 所示。

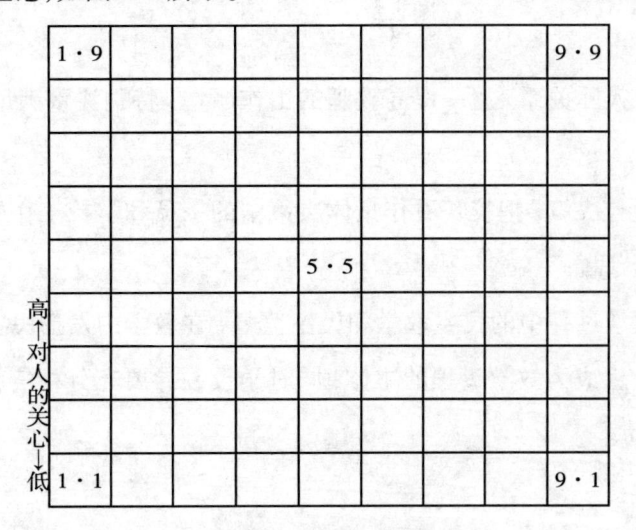

图 2-2 管理方格理论图

方格纵轴表示对人的关心,横轴表示对生产或工作的关心。整个方格有 81 个小格,每小格代表对生产的关心和对人的关心这两个基本因素以不同的比例结合的领导方式。如 1·1 是贫乏式管理,1·9 是俱乐部式管理,9·1 是任务式管理,9·9 是协作式管理,5·5 是中间式管理。他们提出,每一个领导者都应认清自己所处的环境和现有的领导方式,逐步把自己的领导方式向 9·9 型靠拢,从而提高管理效率。

行为科学理论的兴起,改变了对人的看法,重视了人的因素。在资本主义管理思想发展史上,可以说是划时代的改变。它所倡导的在工作中恢复人的尊严,实行民主参与管理,使组织目标和个人目标相结合的管理方式,开辟了资本主义管理实践的新道路。西方有的管理学家把它看作是一次"管理的革命"。

三、人际关系—行为科学管理理论对教育管理的影响

人际关系—行为科学管理理论对教育管理的影响主要反映在提倡学校管理的民主化,重视教职工在管理中的主体地位,增强教职工的自我激励、自我控制以及自我完善的能力。从 20 世纪 30 年代起,很多研究教育管理的学者提出要以梅奥的人际关系学说指导教育管理活动。如美国芝加哥大学教育系主任拉尔夫·泰勒撰文提出人际关系的研究与学校管理人员有关,今后教育管理必将受梅奥等人在霍桑工厂试验的影响。到 20 世纪四五十年代,以人际关系学说为理论基础的民主管理方式在欧美学校相当流行,主要表现在以下几方面:

第一，重视学校中非正式组织的作用，把非正式组织看作是学校组织中不可缺少的一部分；

第二，从改善人际关系入手，提高教师的工作激情，特别注重满足教师的社会需要和心理需要；

第三，实施参与决策，把校长看作集体决策中的一员和学校工作的协调者、帮助者，反对校长个人专断；

第四，提倡教学过程中的民主教学和民主监督，在教学中发扬民主，给学生更多的参与机会，让学生成为教学过程的主体，同时学校领导要充分相信教师，不过多干预教师的教学活动。

第三节　现代管理科学理论

西方的管理理论，在古典学派和行为学派出现以后，特别是在第二次世界大战以后，又出现了许多学派。这些学派，在历史渊源和论述内容上互相联系、互相影响。美国管理学家哈罗德·孔茨曾把这种情况形象地叫作"管理理论的丛林"，认为它是"走向统一的管理理论"的必经过程。至于这些学派的划分，在西方管理学界也是众说纷纭。这里介绍一些主要学派及其观点。

一、管理理论的丛林

（一）社会系统管理理论

社会系统管理理论的创始人是美国著名的管理学家和企业家切斯特·欧文·巴纳德（1886—1961）。他的代表作是1938年出版的《经理的职能》一书。在这本著作中，他把各类组织都作为协作的社会系统来研究，提出了一系列不同于传统组织理论的观点。他是继梅奥之后对社会系统研究做出突出贡献的又一位代表人物，他的观点为现代组织理论奠定了基础。巴纳德的管理思想对西方管理理论进入现代管理理论阶段起着继往开来、承上启下的作用。美国当代著名管理学家哈罗德·孔茨把由他开创的管理理论体系称作社会系统学派。他的主要论点是：

第一，组织是一个社会协作系统，是"两个或两个以上的人，有意识协调的活动和效力的系统"。

他认为这个定义适用于各种类型的组织。组织的差异在于物质和社会的环境、成员的数量和种类、成员向组织提供的贡献等。组织由人组成，而这些人的活动互相协调，因而成为一个系统。要把一个系统作为一个整体来对待。系统有各种级别，一个组织内部的各个部门或子系统是低级系统，由许多系统组成的整个社会是一个高级系统。

第二，协作系统包含的三个要素，分别是协助意愿、共同目标、信息联系。

"协助意愿"，指的是组织中的每一个人为了能结合在一起而做到自我克制，将个人的行为纳入组织整体的行动体系。这种协助意愿的大小跟个人为组织做出的牺牲与组织为个人提供的报酬之间有着密切的关系。

"共同目标"，指的是组织中的人们是在共同目标的基础上才进行协作的，个人的目标应当与组织的目标统一起来。

"信息联系"，指的是组织成员只有相互沟通，才能对组织的共同目标有所理解，也才能产生协作的意愿和行为。组织必须有高效率的信息联系渠道和称职的信息联系人员，以保证信息沟通的效能。

第三，在组织中经理是关键人物，他的主要任务是协调组织和人之间的关系。

经理既要实现组织的目标，又要满足人的感情、欲望和各种需要，实现态度、动机和价值观的变化。经理要充分发挥每个人的才能去实现组织的目标，就必须帮助他们克服物质上的、生理上的、心理上的和行为习惯上的障碍。

第四，经理的权利只有被职工接受的时候才是有效的，因此必须加强彼此间的沟通。要使职工相信经理提出的要求是全面的、合理的。经理提出的要求既符合组织发展的需要，又满足个人的利益，也是自己有可能完成的。

第五，职工是组织的成员，他们要积极地参加组织的活动，并为组织做出贡献；组织要按照他们对组织贡献的大小给予不同的奖励，这种奖励要等于甚至要大于他们对组织的贡献。

第六，非正式组织是不受正式组织管辖的个人联系和相互作用以及有关的人们的总和。非正式组织可能对正式组织有某些不利影响，但它对正式组织至少有三种积极影响：

①就一些易于引起争论、不便在正式渠道提出的、难以确定的事情、意见、建议、疑问在成员间交换意见。

②通过对协作意愿的调节，维持正式组织内部的团结。

③维持个人品格自尊心,并抵制正式组织的不利影响以维持个人人格的感情。

巴纳德指出,当个人和正式组织之间发生冲突时,这些因素对维持一个组织的机能起重要的作用。所以,非正式组织是正式组织不可缺少的一部分,其活动使正式组织更有效率并促进其效力。

巴纳德以前的组织理论把组织看成人的结构与物的结构的联合体,并把这样的联合体视为与外界隔离的封闭组织。巴纳德认为:物的结构只是组织的物理环境,人的结构才是组织本身的构成因素。并且每个人同时是其他组织的成员,把组织看成开放的这一观点从根本上突破了"封闭式组织"的局限性。

(二)决策理论

决策理论学派是当代西方管理理论的一个重要学派,产生于20世纪50年代。这个学派的主要代表人物是美国卡内基梅隆大学教授赫伯特·西蒙(Herbert A·Simon)。他由于在决策理论的研究上做出了贡献,曾获得1978年的诺贝尔经济学奖。他的代表作是《管理行为》(1947)和《管理决策新科学》(1960)。

决策理论学派将第二次世界大战以后发展起来的系统理论、运筹学、计算机科学综合应用于管理决策问题,形成了一门有关决策过程、准则、类型及方法的较完整的理论体系。决策理论的主要论点是:

1. 管理就是决策

这是西蒙等人的著名论断。西蒙认为,一个组织任何一个成员的第一个行为就是对参加或不参加这个组织做出选择。他选择的依据是对组织所做的贡献与从组织中得到的诱因进行比较:诱因大于贡献他就参加,否则就不参加,因而第一个行为就是决策。组织成员做出参加组织的决策之后,还要进一步做出其他种种决策。组织成员的工作和成就是不断决策的过程。组织中的人都是决策人。组织就是一个人群行为的复杂的决策网状结构系统。组织的决策过程是为实现组织目标而采取何种行为的一种选择过程。组织就是一个由个人决策和组织决策两个层次构成的复杂的决策网状结构。决策是组织管理活动的中心过程,并且贯穿整个管理过程和各个方面,无论计划、组织还是控制都离不开决策。

西蒙的决策人和"管理就是决策"的思想是比较深刻的。在管理理论的人的问题上,西蒙的决策人的观点,在一定程度上触及人的主体性属性。在对管理的理解上,他提出了管理的一个新的内涵:在古典理论和行为科学中,管理主要在管理职能和激励的含义上被理解和看待，而"管理就是决策"的产生在一个新的层次上揭示了管理的本质属性。

2. 决策的过程

决策的过程包括查明决策的理由、研究行动的可行性方案和在各种行动方案中进行选择三个阶段。为此，决策应该做相应的三项工作：情报工作、设计工作和选择工作。

西蒙强调，一个组织的经理人员在前两个阶段上花的时间更多，只有前两个阶段的工作做好了，才能在第三个阶段做出正确的决策。

3. 决策的准则是相对优化原则

西蒙认为，人们通常说的最优化决策，只是决策的理想状态。在实际中，最终"完全合理"的、"最优化"的决策是不可能的。他提出决策的准则应当是"符合要求"和"足够好"。

4. 组织中的决策包括程序化决策和非程序化决策

这两类决策承担的管理阶层是不同的，基层机构管理人员通常使用的是程序化决策，在中层两种决策都要应用，而高层机构管理人员主要处理的是非程序化决策。因此，人们应当根据一个问题的性质、发生的频率和确定性程度来确定以何种决策及应当由哪一个管理阶层来做出。程序化决策与非程序化决策关系如图2-3所示。

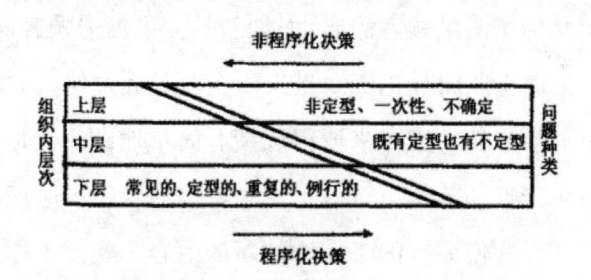

图2-3 程序化决策与非程序化决策的关系图

（三）经验主义理论

经验主义学派也称作"案例"学派。这一学派认为，管理学就是要研究管理经验，也就是说要通过对大量企业管理经验的总结、比较，形成理论化的知识体系，然后传授给管理人员。由于这一学派一般强调从企业管理的实际经验出发，而不是从一般原则出发来研究管理，所以被称为经验主义学派。

这一学派主要代表人物有彼得·德鲁克（大企业的顾问、大学教授）、欧内斯特·威尔（大公司董事、大企业顾问）、威廉·纽曼（大学教授）等。其中最为著名的是当代经验主义管理学家彼得·德鲁克。德鲁克的著作颇丰，如《管理的实践》（1954）、《有效的管理者》（1966）、《管理——任务、责任和实践》（1973）、《动乱时代中的管理》（1980）、《创新与企业家精神》（1985），等等。其中，《管理——任务、责任、实践》是他最主要的代表作。该著作全面地阐述了他的管理哲学和对管理的任务、责任和实践等方面的看法，被誉为经营管理的经典著作和百科全书。

德鲁克对管理的许多见解和他的同时代人相比有许多新颖独到之处，并且由于他的观点和看法更贴近管理实际，因此，他在美国、西欧和日本都得到管理理论界和企业界的很高评价。德鲁克对于管理的主要观点有以下几点：

1. 管理的任务

德鲁克认为，社会是由多种机构构成的，管理是机构的器官。为了机构能执行其职能并做出贡献，管理必须完成三项同等重要而又极不相同的任务。即完成本机构的特殊目的和使命，使工作富有活力并使职工有成就，对社会的影响和对社会的责任。

德鲁克提出，企业的目的是创造顾客，而不是利润。因为企业是社会的一个机构，社会赋予其一定的功能和使命，它必须为社会服务，具体来讲就是为用户服务。这是由企业在社会中的地位决定的。企业的目标是通过两个基本职能来实现的，即推销和创新。推销是为了满足顾客需要，而创新是为了创造顾客需要。

德鲁克认为，工商企业的真正资源是人。企业是通过使人力资源更有生产性来执行其工作，通过有生产性的工作来取得成绩。简单地讲，凡是能直接有助于机构成长的工作都是有生产性的工作。这就是说，机构的管理层应该根据组织本身的需要创设新的工作，并经常使原有的工作增加新的内容。要使工作人员有成就感，就必须了解到人具有特殊的生理心理特质和不同的行为方式。因此，对人才进行管理时，决不能忽视人们心理上的因素，要从各个不同的角度去设法满足职工对责任、参与、激励、报酬、地位等方面的要求。企业中的职工，不论是操作机器的工人，还是执行副总经理，都必须通过有生产性的工作和有成就的职务来获得满足，而且是有可能获得满足的。

德鲁克指出，所有各种机构的管理者都要对它们的副产品，即他们的合法活动对人和物质环境及社会环境的影响负责。企业对社会的主要责任就是它应该对社会产生积极的影响，同时，把社会问题转化为企业的机会。工商企业的存在，不是为了自身,不是为了工人和管理层有就业的机会,也不是为了分得红利,而是为了对顾客提供商品和劳务。企业为了承担它对社会的责任,提供商品和劳务,就必须对社会有所影响。一方面为所在社区提供就业机会和税收来源;另一方面又生产出废品、废水、废气等污染物,严重污染环境。在当今这个多机构的社会中,企业必须日益关心它所提供的商品和服务的数量与质量,关心人们的生活和社会的环境。

2. 管理人员的职责

德鲁克认为,管理人员有两项别人无法替代的职责:一是必须形成一个"生产的统一体",即创造管理的综合效益。为此,管理人员就要克服企业中所有的弱点,并使各种资源,特别是人力资源得到充分的发挥。二是他在做出每项决策和采取每个行动时,要把当前利益和长远利益协调起来。每个管理人员都有一系列共同的必须执行的职能。这些职能是制订目标、进行组织工作、激励和联系工作、进行衡量工作,使职工得到成长与发展。

3. 管理的技能与目标管理

管理是特殊的工作,因此要求管理人员具备一些特殊技能,其中包括:做出有效的决策、有效地进行信息联系、正确运用控制和衡量、正确运用分析工具及管理科学。目标管理是使管理人员和职工在工作中实行自我控制并达到工作目标的一种管理技能和管理制度。它是由德鲁克首先创立的。德鲁克认为,古典管理学派偏重于以工作为中心,忽视人的一面;行为科学又偏重于以人为中心,忽视同工作相结合。目标管理则是综合了以工作为中心和以人为中心这两个方面,使职工发现工作的兴趣和价值,从工作中满足自我实现的需要,企业的目标也同时可以实现。

4. 管理的组织

德鲁克提出,组织结构不是自发形成的,组织的设计和结构需要思考、分析和系统的研究。他提出,一个规范的组织结构应满足如下要求:具备明确性、经济性、远景方向性,理解本身任务和整体任务,有利于信息交流和加速决策,具备稳定性和适应性、永久性和自我更新性。

5. 高层管理

高层管理是对整个企业进行指挥、确定视野、制订标准的结构。德鲁克认为,高层管理的任务主要是:明确机构的使命、建立有效的组织结构、建立文化、发展公共关系、参加礼仪性的活动、处理紧急文件和重大危机。可见,高层管理的任务具有多项性、再现性、非连续性等特点。高层管理的工作应由一个班子而不是由一个人来担当。高层管理者应当具有各种不同的能力，特别是各种不同的气质。要发挥高层管理层次结构的作用，就必须满足一些条件。比如，任何班子成员只对高层管理层负责的事做决定、班子成员之间不要相互干扰、班子成员必须以高层管理权威来处理问题、重大决策必须经班子讨论后做出决定、班子成员之间要经常进行必要的信息交流。

二、建立统一的管理理论的探索

西方管理理论丛林时代，各管理学派都力图利用现代科学的成果探索管理合理化的各种原理、方法和手段。由于他们的研究方向和角度不同，因此管理理论研究在一个多侧面广阔的领域里展开，并且对每一方面研究也都比较深入。对于这种现象，在美国有两种不同的评价：一种是以孔茨和奥唐奈为代表的悲观的评价，认为这种现象是管理理论的混乱。另一种是以西蒙为代表的乐观的评价，认为在管理研究中必须有各种方法，如管理人员职能法、系统法、决策法、行为科学法和数学法，这些绝不是学派，只是研究方法上的分工，即根据问题的性质所采取的方法不同。西蒙认为，管理理论正是在这种研究分工和方法分工的进展中发展的。其实，现代管理理论"丛林"式发展在本质上反映了管理实践的多层面性和多侧面性，适应了社会化大生产的需要，对维持和推动发达工业国家经济发展起了一定作用。但是，管理理论只有分散没有统一，也不是发展方向。实际上，各学派虽然各自独立，但它们之间的关系却十分密切，有些甚至难以截然分开。在建立统一的管理理论的探索中，出现了有代表性的两种新的理论：系统管理理论和权变管理理论。他们或是用系统理论及其研究方法将各派管理学说兼收并蓄，融为一体，寻求统一适用的模式和原则；或者注重灵活运用各派学说，强调随内外环境的不同而变化，采取权变的管理手段。

（一）系统管理理论

系统管理理论的代表人物有里查德·约翰逊、弗里蒙特·卡斯特、詹姆斯·罗森茨韦克等。1963年，他们三人共同撰写了《系统理论与管理》一书，比较全面地阐述了系统管理理论。

系统管理理论和社会系统理论有密切的联系，但侧重点不同。巴纳德的社会系统理论主要关心的是以人为构成要素的组织系统，研究组织中人与人的协助、交流等关系。系统管理理论则把人力、财力、物力、信息乃至整个自然界看作一个相互联系的整体，把管理活动涉及的一切因素都纳入一个系统中进行分析研究。任何一个特定的系统都存在于一定的环境及其以外的高层系统之中，而且有明确的边际规定性。任何一个系统都有一个整体目标和局部目标的关系，还有一个它与外部系统、内部子系统的关系问题。"系统分析"就是分析系统内、外部的各种关系，并从全局出发制订决策，进行统筹管理。系统管理理论强调管理系统的开放性以及同外部环境进行物质、能量、信息交换的必要性和重要性，认为这是使系统进入有序、稳定状态的充分必要条件。

（二）权变管理理论

权变管理理论是 20 世纪 60 年代末 70 年代初在美国形成的一种管理理论。这种理论认为，在管理中，管理思想和管理方式要根据环境和内外条件的变化而随机应变，不存在一成不变的、普遍适用的"最好的"管理理论和方法。权变管理就是要依据环境自变数和管理思想、管理技术因变数之间的函数关系来确定的一种有效的管理方式。这种函数关系可以理解为"如果—就要"的关系，即"如果"某种情境存在或发生，"就要"采用某种管理思想和管理方法，以便更好地实现组织的目标。

权变管理理论强调针对不同的具体条件，采用相应的不同的管理方式，符合具体情况具体分析的科学态度。其实，离开组织的内部、外部条件，主观地决定管理方式肯定是不科学的。但是，权变管理理论本身也明显存在不足：其考虑各种具体条件和情况，而没有用科学研究一般方法的发展概况；只强调特殊性，否认普遍性；只强调个性，否认共性。

三、组织文化理论

一般管理理论经历了科学管理、人际关系—行为科学、管理理论丛林三大发展阶段，其间的管理学派数不胜数，实际上只是沿着两条线索在发展：第一条线索是侧重组织和技术方法的作用，以工作（或生产）为中心，强调组织机构和规章制度，重视运用各种技术手段和科学工具来达到组织的目标；第二条线索是重视人的行为和人际关系，以人为中心，重视人的心理因素的作用，强调满足员工的需求和愿望，以调动员工的积极性来达到组织的目标。这两种线索各有其合理性，也有其片面性。如何解决这一问题，把人与物、理性与非理性、个人与组织统一起来加以综合考虑呢？

组织文化理论更好地解决了这一问题。

（一）组织文化理论的形成

关于组织的文化问题，古典管理理论学者、行为科学学者都曾不同程度地触及，如社会系统学派主要代表人物巴纳德就曾指出：总经理的主要任务就是形成共同价值和担任管理。1957年，美国学者赛尔尼克在《领导与行政管理》一书中提出："机构的领导人，主要是促进和保护价值的专家。"1970年，美国波士顿大学组织行为学教授戴维斯在《比较管理——组织文化的展望》一书中正式提出组织文化的概念。1971年，经验主义学派的代表人物德鲁克在《管理学》一书中把管理与文化明确联系起来，他说："管理是一种社会职能，隐藏在价值、习俗、信念的传统里，以及政府的政治制度中。管理是受文化所制约的，不是'无价值观'的科学。"1981年，美国斯坦福商业管理学院教授理查德·巴斯卡尔和哈佛大学教授阿索思首先推出《日本的管理艺术》，书中以战略、结构、制度、人员、技能、作风和最高目标这七个因素为基础，结合日本和美国一流企业，提出了管理中"硬"因素和"软"因素的区别，把战略、结构、制度称为硬因素，把人员、技能、作风和最高目标称为"软"因素，并强调"软"因素的作用，还特别提出价值观、信仰是管理的哲学基础。同年，日裔美国学者威廉·大内出版《Z理论》。该书分析了企业管理与文化的关系，明确提出了公司文化的构成与作用，认为公司的控制机制是"被一种哲学所包容"，这种哲学就是"组织文化"，它包括价值观、传统和风气，并用一套符号、礼仪及神话将组织的价值观和信念传达给职工。1982年，美国学者托马斯·彼得斯和小罗伯特·沃特曼花两年多时间，深入调查了大量企业后提出，成功公司的主要特征是文化的驾驭力和凝聚力较强，并出版《寻求优势——美国最成功公司的经验》一书。同年，迪尔和肯尼迪出版了《公司文化》一书，对公司文化提出了比较系统的理论。

此后，组织文化理论由美国传到日本、东南亚和西欧，不仅在理论认识上，而且在管理实践中，都产生了深远的影响。1982年，哈佛大学首先开设了"公司文化"课。美国一些咨询公司也纷纷转向为客户分析如何发展公司文化以及使公司文化与战略协调一致。许多企业界的管理者都把建设和培植企业文化作为重要的管理任务组织实施。

（二）组织文化的概念

1982年美国最先出版《公司文化》专著的作者迪尔和肯尼迪认为，价值标准是公司文化的基础，是一个公司走向成功的哲学精华，它为全体职工提供了共同方向的概念以及他们日常生活的准则。日本学者加护野忠男和野中郁次郎认为，所谓企业文化（组织文化），就是给组织成员以共同认识和共同行为方式的组织的价值观，或者说是使价值观和规范制度等成为正当合理的知识体系。可见，西方所谓的企业文化，主要是指企业的指导思想、经营哲学、管理风貌以及行为方式。它包括价值观念、经营哲学、管理思想、文化教育、行为准则、道德规范、文化传统、风俗习惯、典礼仪式及企业形象等。它是一种以价值观为核心的对全体职工进行一定企业意识教育的微观文化体系。

（三）组织文化的要素、特点及其功能

迪尔和肯尼迪认为组织文化的要素主要有五个。

1. 环境

它是形成和塑造企业文化的重要条件，其包括环绕企业的社会、政治、法律、文化、技术等各种因素。

2. 价值观

它是企业为经营成功而对企业与外部环境及企业内部人与人关系所持的根本观点和看法。其包括企业员工在经营观念、行为取向等方面形成的共同信念、准则等。价值观是企业文化的核心和灵魂。

3. 典范人物

这是企业价值观人格化的表现。它通过树立英雄形象，为员工提供学习的具体典范，把企业的价值观内化为员工的行为规范。

4. 仪式和典礼

它是企业宣传自身价值观念的方式，是企业价值观变为全体员工的认同和共识的增强剂，形式上是公司有系统、有计划、有秩序地例行日常事务的方式。

5. 文化网络

它是指公司与基层、基层与基层以及员工之间的沟通方式，是传递公司价值观念的渠道。这种文化网络通常表现为"文化沙龙""讲故事的人""传教士""饶舌者"等方式。

组织文化的特点主要是：

①它集中体现了企业对自己的社会责任的认识及企业员工对人生和工作意义的

了解。它是企业在长期经营管理中形成的以全体员工的价值认同和共识为基础的一种独特管理方式和方法。

②企业文化的核心是企业价值观念，是企业的灵魂。

③企业文化是企业管理中的"软性"因素，同传统的规章制度、财务分析、企业战略规划等硬性因素不同，它讲求人内心的自觉意识，反对单纯的外在控制，以全体员工认同的价值观念，以及在其基础上建立的崇高目标，作为规范企业内部员工一切行为的最终准则。

④企业文化强调的是整体力量，不同于行为科学研究个体的人。其作用在于提高企业的内聚力，建立和形成良好的人际关系，发挥整体优势。

公司文化（组织文化）作为一种管理方式和手段，其主要功能在于增强企业的凝聚力、向心力，激励全体员工同心协力，实现企业目标。迪尔和肯尼迪指出，企业管理的中心是人，而管理人的方法和管理物的方法是根本不同的，必须通过文化的影响和非正式的规则，使人们对自己所做的工作感到满意，并愿意努力工作。具体来说，组织文化的作用主要有以下五点：

第一，通过构建共同的价值观，统一员工思想的，从而增强企业的内驱力和向心力，加强员工的自我控制。

第二，激励员工奋发进取，提高士气，重视职业道德，形成创业动力。

第三，为企业实现战略意图和进行创新改革提供思想基础，提升企业对环境的适应能力。

第四，有利于改善和优化人际关系，使企业员工产生更大的协同力，从而发挥企业的整体优势。

第五，有利于树立企业形象，提高企业声誉，扩大企业的知名度和在社会上的影响力。

组织文化理论在强调文化因素、重视以人为本的同时，把经济与心理、制度与情感、组织与个人在整体思想上结合起来，找到了全新的平衡机制和方法，反映了管理理论发展的两条线索走向综合与统一的大趋势。

四、学习型组织管理理论

21世纪是知识经济时代，世界政治、经济、文化各领域都发生了许多重大变化，尤其是信息沟通技术的巨大发展，以电子技术为基础的新技术革命在广度和深度上不断推动着科技进步和社会经济生活的变化，日新月异的信息网络技术的发展大大推进了全球经济一体化的进程，资金、技术、设备都在全球范围内以前所未有的速度流动和转让，市场的国际化造成了竞争的国际化。在这种背景下，企业要生存和发展首先取决于它的应变能力，取决于它能跟得上这种外界大环境变化的规模和速度。然而，传统的管理模式是以泰罗的科学管理为基础的，它强调按照职能分工、条块分割的管理方式形成"金字塔"形的管理组织机构，是以等级为基础、以权利为特征、对上级负责的垂直型纵向线性系统。这种"金字塔"式的管理，显然无法适应面对外来信息变化做出快速反应的需要。在20世纪90年代初，一些著名跨国公司连年亏损的原因之一，就是企业管理仍然沿袭着"金字塔"式的传统管理模式。有资料显示，自20世纪70年代以来，在世界范围内，企业的平均寿命在缩短。在美国，平均有62%的公司存活不到5年，寿命超过20年的公司数只占公司总数的10%。只有2%的公司能存活50年，美国的高新技术企业只有10%能活过5年。1970年名列美国《幸福》杂志前500名的大企业，有三分之一到1983年时已经消失。许多知名的大企业在辉煌过后纷纷退出历史舞台，其中的一个重要原因就是传统组织和管理观念不能适应新时代的要求。如何使新世纪的管理更好地适应这种变化趋势呢？国际上许多企业家、经济学家和管理学家进行了许多新的探索。学习型组织管理理论就是在这样的背景下产生的。

学习型组织（Learning Organization）管理理论是由美国麻省理工学院教授、著名管理学家彼得·圣吉提出的。20世纪80年代初，圣吉依靠一群有崇高理想的企业家，花了近十年时间构思出学习型组织的蓝图。1990年他出版了《第五项修炼——学习型组织的艺术与实务》一书，全面阐述了学习型组织的管理理论。圣吉在系统、细致地分析了学习型组织的内部结构和运作规律后认为，学习型组织是21世纪全球企业组织和管理方式的新趋势。该书荣获1992年世界企业学会最高荣誉——开拓者奖，美国《商业周刊》把圣吉推崇为当代最杰出的新管理学大师之一。经西方众多企业实践表明，这种管理理论能使企业组织在现代创新、竞争和快速发展的经济社会中，有着更强的生命力，是许多大、中、小型企业管理者所追求和向往的企业管理模式。

1997年7月15日至18日，世界管理协会联盟和中国国民经济管理学会在上海召开了世界管理大会。会上，管理专家提出了未来世界管理变革的十大趋势。

①创新——为适应科技、经营环境的急剧变化，不断进行战略创新、制度创新、组

织创新、观念创新和市场创新,把创新渗透于整个管理过程之中,这将成为未来管理的主流。

②知识——最重要的资源。

人类已进入信息社会,信息社会是智能化、知识化的社会,是知识量、信息量急剧增加的社会,是知识经济时代,知识生产力已成为社会经济发展的关键因素。

③学习型组织——未来成功企业的模式。

④快速的应变能力——时代的新要求。

⑤权利结构转换——变正"金字塔"为倒"金字塔"。这不只是结构层次的转置,而且管理层会大大减少,将大大提高组织效率。

⑥弹性系统——跨功能、跨企业的团队。

⑦全球战略——下一世纪企业决战成功的关键。

⑧跨文化管理——管理文化的升华。

在保持本土优秀文化基础上兼收并蓄,建立既有自己特色又充分吸纳人类先进文化成果的管理模式。

⑨"四满意"目标——企业永恒的追求,即顾客满意、员工满意、投资者满意和社会满意。

⑩"没有管理的管理"——管理的最高境界。

在全员管理的境界中,人人既是管理者,又是决策者和执行者。这将大大激发员工的主动精神,并使之与企业融为一体。

这十大变化趋势都与学习型组织的管理理念有关,也正是从多个侧面反映了学习型组织的特征。国内外许多学者预言,未来最成功的公司,将是那些基于学习型组织的公司。下面对学习型组织理论的主要观点进行简要介绍。

(一)学习型组织的含义

学习型组织最初的构想源于圣吉的教师佛睿思特。他在1965年《企业的新设计》文章中具体构思了未来企业的一些基本特征,即组织结构扁平化、组织信息化、组织更具开放性、员工与管理者的关系逐渐由从属关系转向工作伙伴关系,组织不断学习、不断调整组织内部的结构关系等。

致力于介绍和推广学习型组织理论的杨硕英教授认为:"圣吉所希望建立的学习型组织,是一种不同凡响,更适合人性的组织模式,由伟大的学习团队形成社群,有着崇高而正确的核心价值、信念与使命,具有强劲的生命力和实现梦想的共同力量,不断创造,持续蜕变。在其中,人们胸怀大志,心手相连,相互反省求真,脚踏实地,勇于挑战极限及过去的成功模式,不被眼前近利所诱,同时以令员工振奋的远大共同愿望,以及与整体动态搭配的政策与行动,充分发挥生命的潜能,创造超乎寻常的成果,从而在真正的学习中领悟工作的意义,追求心灵的成长与自我实现,并与周围世界产生一体感。"

我国学者提出,所谓学习型组织,是指通过培养弥漫于整个组织的学习气氛,充分发挥员工的创造性思维而建立起来的一种有机的、高度柔性的、扁平化的、符合人性的、能持续发展的组织。这种组织具有持续学习的能力,具有高于个人绩效总和的综合绩效。

我国较早研究并在国内广泛讲授、积极推行学习型组织管理理论的著名学者张声雄教授认为:所谓学习型企业,是以共同愿景为基础、以团队学习为特征、对顾客负责的扁平化的横向网络系统。它强调学习和激励,不但使人勤奋工作,而且尤为注意使人"更聪明地工作";它以增强企业的学习能力为核心,提高群体智商,使员工自我超越,不断创新,达到企业财富速增、服务超值的目标。学习型组织管理理论强调企业的领导者主要是当好三个角色:一是优良系统的设计师;二是共同愿景的仆人;三是好教师。强调企业员工要依靠团队学习和共同愿景自我引导,使整个企业成为充满学习和创造力的系统,这样才能不断自我超越,不断向极限挑战,从而不断创造新的成就。

我国学者提出了构成学习型组织的六大要素:

①拥有终身学习的理念和机制;
②拥有多元回馈和开放的学习系统;
③形成学习共享与互动的组织氛围;
④具有为实现共同愿景的不断增长的学习动力;
⑤工作学习化使成员活出生命意义;
⑥学习工作化使组织不断创新发展。

(二)学习型组织的特征

1. 组织成员拥有一个共同的愿景

组织的共同愿景源于员工个人的愿景而又高于个人愿景。它是组织中所有员工共同愿望的景象,是他们的共同理想。它能使不同个性的人聚集在一起,朝着组织共同的目标去努力。

2. 组织由多个创造性团体组成

在学习型组织中,团体是最基本的学习单位,团体本身应该理解为彼此需要他人配合的一群人。组织中所有的目标都是直接或间接地通过团体努力来达到的。

3. 善于不断学习

这是学习型组织的本质特征,主要有四点含义:一是强调终身学习。即组织中的成员均能养成终身学习的习惯,组织才能形成良好的学习气氛,促使其成员在工作情境中不断地学习。二是强调全员学习。即企业组织的决策层、管理层、操作层都要全身投入学习。尤其是经营管理决策者,他们是决定企业发展方向和命运的重要阶层,因而更需要学习。三是强调全过程学习。即学习必须贯穿于组织系统运行的整个过程之中。四是强调团体学习。即不但重视个人学习和个人智力的开发,更重视组织成员的合作学习和群体智力的开发。

4. "地方为主"的扁平式结构

传统的企业组织是金字塔形的,机构重叠,效率不高,容易产生官僚主义。决策层和操作层不能直接互通信息,不能互相学习,不利于建立"整体互动思考模式",不能使企业协调地高效运转。而学习型组织内部结构是扁平的,从最上面的决策层到最下面的操作层,中间层次极少。这种组织结构有利于上下沟通,在组织内部形成互相理解、互相学习、整体互动思考、协调合作的群体,从而产生巨大、持久的创造力。

目前,发达国家的一些大企业,随着内部交换网络的建立,已将中间层取消,建立了决策层、管理层、操作层在同一平面工作的"平面化"管理模式。

学习型组织改变了企业的组织结构,它尽最大可能将决策权下放到离最高管理层或公司总部最远的地方,即决策权往组织机构下层的移动,让最下层单位拥有充分的自决权,并对产生的结果负责,从而形成"地方为主"的扁平化组织结构。

5. 自主管理

学习型组织理论认为,"自主管理"是使组织成员边工作边学习,并使工作和学习紧密结合的方法。通过自主管理,可由组织成员自己发现工作中的问题,自己选择伙伴组成团队,自己选定改革进取的目标,自己进行现状调查,自己分析原因,自己制定对策,自己组织实施,自己检查项目,自己评定总结。团队成员在"自主管理"的过程中,能形成共同愿景,能以开放求实的心态互相沟通。不断学习新知识,不断进行创新,从而增强组织应变、创造未来的能力。

6. 组织的边界将被重新界定

学习型组织边界的界定,建立在组织要素与外部环境要素互动关系的基础上,将超越根据职能或部门划分的"法定"边界。例如,把销售商的反馈信息作为市场营销决策的固定组成部分,而不像以前那样只作为参考。

7. 员工家庭与事业的平衡

学习型组织将努力使员工丰富的家庭生活与充实的工作生活两者相得益彰。学习型组织将对员工承诺支持每位员工充分地自我发展,而员工也应以承诺对组织的发展尽心尽力作为回报。这样,个人与组织的界限将变得模糊,工作与家庭之间的界限也将逐渐消失,两者之间的冲突也必将逐渐减少,从而提高员工家庭生活的质量,达到家庭与事业之间的平衡。

8. 领导者的新角色

在学习型组织中,领导者是设计师、仆人和教师。领导者设计工作是对一个组织要素进行整合的过程,它不只是设计组织的结构和政策、策略,更重要的是设计组织发展的基本概念;领导者的仆人角色表现在他对实现愿景的使命感,并自觉地接受愿景的召唤;领导者作为教师的首要任务是界定真实情况,协助人们对真实情况进行正确、深刻的把握,提高人们对组织系统的了解,促进每一个人的学习。

(三)学习型组织的五项修炼

如何使组织不断发展变成学习型组织呢?圣吉在他的《第五项修炼——学习型组织的艺术与实务》一书中,对如何创建学习型组织提出了五项修炼。

1. 自我超越

自我超越是指突破个人能力极限的自我实现,是个人成长的学习修炼。这是学习型组织的精神基础。圣吉指出:"精通自我超越的人,能够不断实现他们内心深处最想实现的愿望,他们对生命的态度就如同艺术家对艺术作品一样,全身投入,不断创造和超越,这是一种真正的终身学习。"只有组织中每一个层次的人都追求自我超越,努力发展本身,才能真正建立起学习型组织。

建立个人愿景是自我超越的前提。所谓个人愿景就是个人发自内心的追求及终极目标。它是个人工作和生活的精神层面。它可以为自我超越设立目标。组织的共同愿景正是以个人的愿景为基础的,当组织成为组织成员自我的工具时,他们才可能将共同愿景视为个人愿景的体现，并为建立共同愿景而贡献自己的智慧与才能。

2. 改善心智模式

所谓"心智模式"是根深蒂固于人们心中，影响人们如何认识周围世界，以及如何采取行动的许多假设和想象。它不仅影响人们如何认识世界，更重要的是它还影响人们的行为。对于个人和组织来说，心智模式都是客观存在的。而通常人们又不容易察觉到自己的心智模式以及心智模式对行为的影响。

在管理团体的许多决策模式中，决定什么可以做什么不可以做，常受到心智模式的影响。而组织中许多好的构想无法付诸实施，也常常是因为它和人们对于周围世界运作的看法和行为相抵触。因此，学习如何将心中的心智模式摊开，并加以检验和改善，有助于改变人们心目中对于周围世界运作的已有的看法，这对于建立学习型组织是一项重大的突破。

引导员工摊出个人心智模式并加以检视，是建立学习型组织的重要一环。因为个人的心智模式隐藏在意识层面之下，要不时地对其加以检验，并随时地改善它们。"皇帝的新装"是个典型的例子，它正说明了臣民的心智模式：高贵的皇帝一定穿着一套漂亮新衣，不可能会赤裸裸地站在他们面前。

改善组织的心智模式，最关键的是检视领导者的心智模式。同时，在组织内部发展面对面的学习也很重要，通过团队学习，员工之间可以充分表达自己的想法，并以开放的心态接纳别人的想法，从而产生比个人看法更深入的见解。

3. 建立共同愿景

所谓共同愿景就是组织中大家共同的愿望、理想和目标。共同愿景对学习型组织是至关重要的。因为学习型组织成功的关键是要有持续扩展的能力。而这种持续扩展的能力正是由共同愿景所激发出来的。共同愿景是由组织中个人愿景汇聚而成的，是集体的产物。它不是领导者强加于组织成员的，而且能够激发出组织成员强大的精神力量。因此，建立共同愿景可以把大家聚集在一起，帮助组织培养成员为实现共同目标主动而真诚地奉献和投入的精神。因此，领导者必须注意与员工广泛交流个人观点，从而消除员工对改革的抱怨，并改变员工对领导个人愿景被动服从的状况。建立共同愿景的修炼包括鼓励建立个人愿景、在组织内塑造整体图像、融入企业理念、学习双向沟通技术、忠于事实等方面的内容。

4. 团体学习

近年来科技的快速发展和全球的竞争加剧使团体对组织的发展越来越重要。企业组织只有发挥团体精神才能真正提升竞争能力。

所谓团体是指一小群具有不同技能的个人相互依存地在一起工作，这群人认同某一共同目标，为了达到共同目标，他们贡献自己的能力，扮演好自己的角色，彼此分工合作，沟通协调，齐心协力，并为目标的实现共同承担成败的责任。团体在组织中是最关键，也是最佳的学习单位，组织内通过建立更多的学习团体，可以形成良好的共同学习风气。

团体学习是发展团体成员整体搭配与实现共同目标能力的学习活动和过程。它是建立在共同愿景和自我超越的基础之上的。团体学习的方式是真诚交谈与讨论。真诚交谈就是一个团体中的所有成员表达心中的假设，一起思考。有效的真诚交谈的基本前提是把组织中所有成员视为工作伙伴，由此才能共同深入思考问题，产生较好的互动，使彼此思维不断地补充和加强。讨论则是提出不同的看法加以辩论。真诚交谈和讨论是互补的。通常人们用真诚交谈来探讨复杂问题，用讨论来达成协议。一个学习型的团体要善于交叉运用真诚交谈与讨论这两种方式。

5. 系统思考

圣吉认为，系统思考是看见整体的一项修炼，是五项修炼的核心和基础。系统思考就是要求人们应用系统的观点看待组织的发展，即从看局部转换为看整体、从看事物的表面转为洞察其变化背后的结构、从静态地分析转到认识各种因素的相互影响、从把人们看作无助的反应者转为把他们看作改变现实的主动参与者、从对现状只做反应转为创造未来。

圣吉发现，人们常常忽略世界的整体性，习惯用片面的、线段的、割裂的方法来观察世界，在处理一些复杂问题时，习惯于将其分割成可以处理的片段来思考，然后加以整合。而对于整体形成的要素——组织分子之间的整体互动关系及其所形成的复杂现象却往往视而不见。而正是这种动态性的复杂有时会抵消个人或群体改善问题的所有努力，它会诱使人们舍本求末、避重就轻、一再犯错，甚至是会努力地制造共同的悲剧。因此，圣吉告诫人们，要了解组织中管理问题的症结，必须先了解产生这些问题的系统集体，研究整体内的互动因素以及与问题相关的因素。

系统思考必须遵循以下十一条法则：①今日的问题来自昨日的解；②越用力推系统反弹力越大；③恶化之前常先好转；④显而易见的解往往无效；⑤权宜之计可

能比问题更糟；⑥欲速则不达；⑦因与果在时空上并不紧密相连；⑧寻找小而有效的杠杆解；⑨鱼和熊掌可以兼得；⑩系统具有整体性且不可分割；⑪不可绝对归罪于外。

　　学习型组织管理理论是一种宏观的管理理论，它适用于各类组织。新加坡用它指导政府管理，提出要建成学习型政府。日本用它指导城市管理，提出要把大阪建成学习型城市。我国同济大学把它用于指导学院管理，提出要把函授与继续教育学院建成一流的学习型学院。美国比尔·盖茨把它用于指导企业管理，努力把微软公司建成学习型企业。作为一种全新的管理理念，学习型组织正深刻地影响着政府、企业和学校等各类组织。我国的中小学如何借鉴国外学习型组织理论和实践的最新成果，努力把学校办成学习型组织，这也是教育管理研究中值得重视和关注的课题。

五、现代管理理论对教育管理的影响

　　现代管理理论的不同学派都从不同的方面对教育管理理论和实践产生影响。如受系统论，特别是巴纳德社会系统理论的影响，使得教育管理人员把系统理论作为一种价值观和方法论来研究和解决教育管理中的各种问题。他们把学校组织看作社会大系统中的一种动态组织，社会上各种因素都会对学校的教育质量产生影响；把学校与外界环境联系起来，从整体上研究影响教育质量的各个因素之间的关系，如探讨社区环境对学校的影响，分析与学校管理有关的公共政策问题、社会经济阶层问题等，并采用系统分析的方法解决整体协调性、结构合理性、运行稳定性、环境适应性以及技术先进性问题。系统理论和系统方法被引进教育管理之中，使教育管理的科学化和现代化进入一个新的阶段。教育管理上使用的教育预测、教育计划、教育决策、教育质量管理、教育评价等新技术、新方法都是根据系统理论原则设计出来的。

　　又如，受西蒙决策理论观点的影响，格林菲斯提出，教育行政的本质就在于控制做决定的过程，决定是任何行政组织的中心。他还进一步提出了教育管理决定的六阶段说，即认识和限定问题、分析和估价问题、确定据以判定解决方案的准则或标准、收集数据、判定和选出优先的解决方案，并事先进行测试、实施优先的解决方案。

　　又如，受组织文化理论的影响，教育管理者开始注重校园文化研究。他们认为，学校是一种教育组织，校园文化就是学校组织文化，学校管理应该以这种先进的管理理论为指导，注重校园文化建设，以共同的价值观和校园精神来激发教职工对学校目标和准则的认同，在和谐、融洽的人际关系环境中，使每个教职工最大限度地发挥自己的积极性和创造性，最终实现学校组织目标。

第三章　教育管理发展趋势

第一节　教育管理发展的历史与现状

我国现代教育管理的发展路程是曲折的。清朝末年，随着现代学堂的兴办，教育行政官员、学堂主持人和师范学堂的师生，开始学习和研究教育管理的理论和方法，标志着我国现代教育管理研究的兴起。它与西方国家教育管理研究的兴起，在时间上大体是同步的。

20世纪30年代至40年代，清末民国派出的留学生陆续回国。其中一部分人深入农村，进行教育实验和改革；另一部分人到大学任教，进行理论研究，这两部分人的结合，使我国的教育管理研究一度相当繁荣。例如，出版了200多部有关教育管理方面的著作，各大学的教育系和中等师范学校普遍开设了教育管理类课程，教育管理研究和实验有了初步的研究。

十一届三中全会以后，我国教育管理的研究重新起步。从1980年出版第一部供校长培训使用的《学校管理》教程开始，到目前为止，我国正式出版的各种教育管理类论著已有数百部；普通高等学校、教育学院以及中等师范学校，相继恢复教育管理类课程；成立了全国性的教育管理学术团体——中国教育学会教育管理分会；形成了一支研究人员、教学人员和中小学校长相结合的研究队伍。可以说，现阶段我国的教育管理研究，无论是专著的数量和质量、队伍的规模和结构，还是学术研究的深度和广度，都已超过以往任何时代，达到了相当高的水平。

我国现代教育管理研究是从学习外国开始的。清末，随着新学堂的开办，要求行政官员和学堂主持人懂得新学校的管理方法。为了适应这种要求，翻译了若干外国教育管理方面的论著，其中主要是日本学者的著作。由于日本教育管理受德国公法型理论的影响很深，因此我国教育管理的研究，开始也是着重介绍教育的法规和法律，基本上照抄外国，没有自己的专著，更谈不上本国的特色。到了二十世纪二三十年代，我国涌现出一批自己的现代教育专家。他们多是留学归国的学者，了解西方的教育管理理论。他们引进外国教育和教育管理的先进思想，但不照抄外国的理论。他们深入农村,搞教育实验,有选择性地把外国先进的教育和教育管理思想,与中国教育实际结合起来,加以改造,形成中国特色的教育和教育管理思想。陶行知先生就是其中的突出代表。陶行知先生是杜威的学生,但他没有照搬杜威的实用主义教育和教育管理思想,而是从中国的实际出发,把杜威的"学校即社会""教育即生活""做中学"改成"社会即学校""生活即教育""教学做合一",体现了现代教育管理面向社会、面向生活和"知、行"统一的基本原理,摒弃了实用主义的消极影响。陶行知先生的教育和教育管理思想,是中国教育的宝贵财富,陶行知先生则是我国教育管理研究人员的典范。现代教育管理研究的重要任务之一,就是要发扬具有中国特色的教育管理思想。

在研究发展教育管理的过程中,不能完全照搬、照抄外国的经验或思想,在这方面我们同样有过惨痛的教训。其中,全盘否定教育管理学的科学体系,在所有师范院校取消教育管理课程,就是最突出的例证。这一错误决策,对我国教育管理研究是一次摧毁性的打击。正是由于这个原因,我国教育管理的研究倒退了几十年。

教育管理研究的重新起步,是从总结我国教育管理实践经验开始的。我国重新起步后的教育管理研究,是沿着两个方向发展的。一个是继续从总结我国教育管理经验入手,逐步加以抽象概括,形成理论框架和体系。另一个是吸取外国企业管理的理论,加以改造,移植到教育管理领域,形成另一类理论框架和体系。这两个方向的研究,对我国教育管理理论的发展,都做出了重大贡献,但也各有其完善的余地。经验上升为理论,需要经过艰苦的总结、研究、概括和抽象的过程。而理论的移植,则需要处理一般管理理论的共性和教育管理理论的特性之间的关系,这也并非易事。

20多年来,我国教育管理研究,有了突破性的进展,但也存在着弊端。对教育管理研究的现状应如何估计,这是理论工作者和实际工作者共同关心的问题。目前我国教育管理存在的问题主要表现在两个方面:在经验总结方面,由于近年来教育管理,特别是学校管理实践没有新突破,素质教育只停留在宣传层面上,远没有深入实际管理领域,因此近年出版的专业著作较少,理论研究处于停滞状态。在移植外国管理理论方面,介绍的多为20世纪80年代以前的理论(包括20世纪20年代兴起的泰勒科学管理理论,20世纪30年代兴起到60年代完善的行为科学理论和20世纪70年代后形成的"管理科学丛林"等),且缺乏必要的分析。对国外20世纪90年代后最新的管理理论,则很少介绍,学术研究同样滞后。

这就是我国现代教育管理的历史和现状。学习历史,可以以史为鉴;了解现状,则可以推进教育管理的改革。其共同目标是加快我国教育管理现代化的进程。

第二节 现代教育管理的发展趋势

教育的现代化,必然要求教育管理现代化。展望教育管理的现代化趋势,大致包含以下几方面内容。

一、管理信息化

人类将进入信息化时代,信息传播的广度和速度必将促使教育管理发生深刻的变革,教育管理研究要为信息化时代的到来做好准备。

(一)信息化是世界各国的发展战略

信息化是世界各国共同关心的问题。目前,信息化在一些国家和地区,不只是一种发展趋势而且已成为现实。信息化是在一定思想指导下,以现代信息技术(多媒体计算机和网络系统)为基础,促使人们参与、改善、创造、服务和享受现代生活的过程,它包括经济信息化、政治信息化和生活信息化三个方面。按照世界公认的标准,经济信息的60%～70%、政治信息的50%～60%、生活信息的40%～50%通过互联网获得的社会,可称之为信息化社会。如果承认这一标准,那么美国已经在20世纪90年代进入信息化社会,而西欧和日本等发达国家也在2000年进入了信息化社会。我国要在工业化的过程中实现社会信息化,必须要走跨越发展的道路。

(二)信息化对教育管理的深刻影响

教育信息化是以现代信息技术为基础的新的教育体系,这个体系包括教育观念、教育组织结构、教育内容、教育形式、教育文化、教育管理和教育评价等方面。因此,不能把教育信息化单纯理解为计算机化,也不能理解为网络化。教育信息化对教育管理必将产生更深远的影响。

信息化必将促使教育管理观念的变化。对医务人员来说时间就是生命;对军人来说时间就是胜利;对科技人员来说时间就是研究成果;对经营管理者来说时间就是财富等。在信息化社会,由于信息传递的空前加速,人们会更加珍惜时间,强化对时间的管理,把握时代特点,强调创造时机、抓住时机、充分利用时机,在强调质量的同时，最大限度地提高管理效率，这些观念将得到最广泛的宣传和认同。管理的节奏和速度将加快，效率将提高，官僚主义作风将会被时代所清除。对于教育管理来说，随着信息技术的普及和网络技术的发展，教学环境虚拟化程度必将提升。由于信息化使教育时空得以延展，因此师生除课堂外，可以通过网络进行更广泛的教学交流，教学中学生的主体地位愈加明显，教学的全面、全员、全程管理的观念将进一步强化；信息化促使教育内容数字化，必将推动学校课程管理的改革，那种大一统、一纲一本的课程体系，将被统一课程标准下的一纲多本、多纲多本和更多的校本课程、地方课程所代替，信息化将为各地、各校选择课程和教材提供条件，使生动活泼的课程管理理念变成现实，使学校管理组织结构发生变革。

（三）教育管理要为信息化做准备

我国社会信息化应建立在青少年普及信息技术教育的基础上，与普及九年义务教育、发展高中阶段的教育和高等教育大众化共同实现。我国目前有两亿多学生，今后十年还将有两亿多学生接受各级教育，如果我们能在这四亿多青少年中普及信息技术教育，社会信息化就有了坚实的基础。这就是我们的发展战略。

每一种新的技术革命，都会对教育产生深刻影响。教育需要知识共享，而网络化则能充分满足这种需要。随着网上课程、校园网络的兴起，学校管理必将发生深刻的变革。这种变革的核心是提高学校管理的质量和效益。网络教育管理将充分利用教育资源，在世界范围内实现资源共享，推动教育全球化进程；加强教育交流，强化学生自主学习，形成新的师生关系，真正形成学校、社会、家庭教育一体化；建立终身教育体制，促进教育社会化；通过网络技术，提供虚拟环境，解决教育教学的疑难问题，并使个性化学习成为可能，等等。这些都为学校管理研究提供了新的领域、新的课题和新的研究成果，这将使我国的学校管理研究，在全球化的背景下获得新的突破。

目前，我国的学校管理还不能适应学生信息技术教育的需要，各级校园网信息库的内容，多系教育新闻、教育行政、教学改革、教育科技、教育法规、复习考试、试卷辅导等，缺乏为学生学习、生活服务的内容，不能体现为学生服务的基本功能，难以引导学生主动学习。学生既然在校内网络查阅不到自己需要的学习资料和玩耍自己感兴趣的游戏，就只好到社会"网吧"去寻找刺激了。据调查，我国学生上网的内容是：60.7% 玩游戏；31.1% 网上聊天；29.1% 影视文艺；27.9% 体育动态；27.5% 新闻；24.3%发电子邮件；18.6%下载文件；5.7%卫生保健。美国学生上网的内容是：67%获取信息；65%玩游戏；49%网上聊天或通过论坛发广告；48%开展学习研究；46%下载学习资料。通过对比可以发现，目前我国学生上网的主要目的是玩游戏，美国学生上网的主要目的是学习和研究。这一差别应引起重视，它提醒我们，无论在建网、建库还是建校网的过程中，都要体现学生学习的功能。为了吸引学生在校内上网，学校除展示丰富多彩的学习软件外，也可开发适合学生的游戏软件，组织学生自我服务，加强学生的自我教育和自我管理。

教育信息化最突出的问题是师资问题。目前我国不仅信息技术教育的专职教师短缺，而且校长、教师的信息技术知识的整体水平较低，其状况是校长不及教师，教师不及学生，这种倒挂现象将严重影响我国教育管理现代化的进程。因此，教育部门要加强对校长和教师信息技术的培训，将这种培训纳入校长和教师继续教育的范畴，使校长和教师适应教育信息化的要求，赶上时代前进的步伐。

当然，任何一种新的技术也都具有两重性，网络教育也不例外。通过网络，我们可以从国内外吸收最新的理论、最先进的思想和最实用的经验，但同时我们也可能脱离我国实际情况而追求新颖，使错误思想和有害做法得以传播。网络化管理要求减少管理层次，提高工作效能，提倡"一半乘二再乘三"效应，即减少一半人员，增加一倍工资，使在岗人员工作效率提高两倍。这虽然能提高管理效率，但是也有其缺点。例如，人不是时间的奴隶，更不能成为工作狂。人的生活除工作外，应变得更丰富多彩，不然因科学进步而解放了的个性，将会被新的科技进步所淹没。网络化教育使学生交流面越来越广，这会使学生知识更丰富，但是，学生是不成熟的主体，他们的可塑性往往会受无限制的各种错误思潮和信息的影响。因此，对学生要加强引导和管理，否则会产生相反的效果。据美国新泽西州的教育测验中心对4000名四年级和八年级学生的调查发现，许多学生通过电脑网络互相抄袭作业，大部分作业内容都是从网上下载的。美国教育心理学家希利则认为使用电子科技学习，会使学生变成只会操作机器的冷血人，而缺少头脑思考和组织思维能力，影响学生的身心健康和发展。因此，我们在研究网络教育的同时，要预防其消极影响，特别要防止网络考试、网络不良影响、网络犯罪等。在我们进入教育信息化之前，学校教育和管理要先行，要研究理论，要制订必要的法律法规，完善教育管理制度，从理论和实践上为教育信息化做好准备。

二、管理民主化

民主是社会主义的本质,发扬民主是我国学校管理的基本原则,民主化是学校管理现代化的主要内容之一。民主化对于上级教育行政部门来说,就是简政放权,加大学校办学主权;对于学校内部来说,就是校长要接受社区、家长和教职工监督,依靠教师办学;对教师来说,就是承认并不断提高学生的主体地位,增强学生学习能力,提高课堂学习质量,加强学生的自我教育和自我管理。

国家必须加强对学校的领导与管理,这种管理是宏观的、行政的、经济的和法制的。国家制定教育法律、方针和政策,对学校进行统一领导,把握学校管理的方向;国家制订各类规划、计划、质量标准对学校进行宏观调控;国家通过教育拨款,限定学校的发展速度和规模等。这些都是国家教育行政部门的基本职能。过去国家教育行政部门对学校管得太多、统得过死,主要是过多地干预了学校业务的管理。因此,转变教育行政机关的职能,目的是增强学校办学的自主权,促进学校管理民主化。

学校管理民主化,要求校长具有办学的自主权。校长在国家统一的教育方针的指导下,必须要有自己的办学主张,这样才能把学校办出特色。校长的办学思想,是在办学实践中形成和发展的。只有坚持特色的管理实践,才能形成有特色的办学思想;只有在有特色的办学思想的指导下,才能使学校办出特色。可见,无论理论还是实践,都要求校长具有办学主动权。学校管理要体现国家教育方针的共同性与学校实际的特殊性的统一。教育方针是全国统一的,违反这个统一性,就背离了社会主义教育的基本原则。贯彻教育方针要切合学校实际,从本校实际出发的学校管理,才具有创造性,而发挥学校的创造性是管理民主化的主要目标。学校管理要体现办学特色与办学高质量的统一。高质量办学是学校管理的出发点和归宿,离开了高质量,管理民主化必然会走上形式主义的道路。

三、教育终身化与教育管理的整体优化

终身教育思潮发端于20世纪60年代初,它的影响很快遍及世界各国,成为教育和教育管理战略决策的主导思想。它强调建立学习化社会,而终身教育则是学习化社会的基石。

终身教育认为,教育应伴随人的终生,"活到老、学到老",教育贯穿人生的全过

程。社会应是全民学习化的社会。教育必须在时间和空间上重新规划其活动，使其不再局限于学校制度，而应涵盖社会的方方面面，使整个社会、经济活动都为实现教育的宗旨服务。终身教育思想对教育管理现代化必将产生深远的影响。

（一）确立终身学习的教育管理理念

终身教育从根本上扩展了人们对教育管理的认识。从纵向分析，它包含各层次教育的管理，包括学前教育、初等教育、中等教育和高等教育的管理；从横向分析，它涵盖各方面的教育管理，包括普通教育、成人教育、职业教育、学校教育、社会教育、正规教育和非正规教育的管理。为了适应终身教育的需要，应使各层次和各方面的教育相互配合、衔接和融通，形成立交桥式的管理，确立整体优化的教育管理观念。

终身教育是每个公民的需要，也是每个公民的权利。国家要创造条件满足公民受教育的需要和权利；教育管理要促进终身教育的发展；教育行政部门要制定教育无条件向全民开放的法律，使各种年龄、性别、民族、国籍、肤色的人都能受到所需要的教育；学校管理要更弹性化、生活化，使各年龄阶段、各工作岗位、各职业类别的人能分别接受相应的教育。因此，终身教育管理的目标应多元化，组织学习的方式应多样化，学习时间的安排应自主化，学习的过程应个性化并且要与工作、生活紧密结合。

（二）建立网络化学习环境

教育信息化为终身教育提供了极有利的环境，使终身教育从理想变成了现实。终身教育所追求的目标是"人人学习、事事学习、时时学习、处处学习"，这样的学习，只有在信息化、网络化的条件下，才能真正实现。通过网络及其管理，学生可以自主确定学习内容，设计学习过程，选择学习方法；师生之间可以超越限制，实现教学互动。

为了使学生适应终身化学习的需要，学校要通过信息技术教育，在学生掌握信息技术教育知识和技能的基础上，促使他们将信息技术教育与德、智、体、美、劳等教育进行整合。在全面发展的同时，培养学生通过网络进行学习的能力，包括通过网络获取、储存、处理、发布和交流信息的能力，适应网络技术发展使技术升级的能力，在纷繁复杂的网络信息面前区分好坏、是非的判断能力，根据社会标准自觉遵守网络道德的能力。

学校管理要有利于学生上网学习，要帮助学生正确处理传统课堂学习与现代上网学习的关系。一方面要防止学生因迷恋网络信息而影响正常课堂学习；另一方面也要避免用加重课外负担来阻止学生上网学习的机会。学生上网学习是一种教育、教学进步的趋势，应当积极引导学生学习和参与，要将他们去网吧玩游戏的积极性转化为上网学习的积极性。学校要通过组织各种生动活泼的活动，吸引学生参与网上学习，通过查询学习资料、研究学习问题、交流学习经验、发布学习成绩等方式，激发学生的学习兴趣，培养学生终身学习的能力。

第三节　教育管理现代化的理性思考

一、向外国学习

经济全球化是不可阻挡的发展趋势，这种趋势不仅要改变经济运作的格局，而且会对科学技术、文化教育，甚至政治产生深刻影响。当今世界，国家、民族和地区之间，不只强调差异和矛盾，更重视全球的共同命运。

随着我国加入世界贸易组织和举办奥林匹克运动会，我国教育融入世界教育改革与发展的主流进程必将加快，对学校管理的理念、思路、形式和方法也会产生深刻影响。在全球化浪潮下，从教育管理的角度分析，许多问题值得我们冷静思考，而怎样向外国学习，就是其中最突出的问题。

教育管理研究过程中，要认真学习和有选择地吸收外国的教育管理思想。一是研究当代管理思想的新变化，吸收最新、最先进的教育管理思想；二是吸取外国教育管理思想指导实践获得的经验和教训。

随着政治、经济和文化的发展变化，20世纪90年代西方的管理思想有了新的发展。为了更具体地了解这种变化，我们将其管理思想进行了前后对照比较。

在管理科学的对象上，原来认为，管理的依据是科学，研究管理的目的是揭示管理规律，并严格地按照规律所确立的原则进行管理。现在认为，管理不仅要依据科学，还要讲艺术，要提倡管理艺术的创造性。同时，学校管理还是一种技术，学校管理者的培训，要重视管理技术的培训。

在管理的目标取向上，原来认为，管理的对象是组织，而组织具有共同的目标，管理就是为实现共同目标而奋斗。现在认为，组织要有共同的目标，但组织的共同目标,往往是反映一种理想的追求,带有口号激励的色彩,难以具体操作。而个体的目标,则是千差万别的,生动具体的,易于操作的,管理应定位于协调组织目标与个体目标的关系。

在管理的组织结构上,原来强调严格的组织层级划分,即按照层级原理进行管理。现在主张组织结构扁平化,强调岗位间的协作和人员的一专多能,强调人员终身学习和建立学习型组织,其目的是加速信息的传输和人员的流动,提高管理效率。这种管理思想,也叫"企业重构"或"组织重建"。有人认为,"组织重建"的思想是继泰勒的科学管理、戴明的质量管理之后,西方管理思想发展的第三个里程碑,可见其重要性。其理论的基点是,在质量管理的前提下,重新强调管理的效率。

在管理决策的过程上,原来认为,决策要严格按规律办事,决策过程是纯中立的理性过程,不允许有任何主观偏向。现在认为管理过程是科学规律和价值观共同发挥作用的过程,不是纯粹理性中立的过程。管理过程与决策者的特定环境压力、从众心理有关,还要受原有经验、价值观、文化背景、既得利益等非理性因素的影响。在某些场合下,决策往往是不同利益群体较量协调的结果。

在管理的程序上,过去一贯宣扬"民主化",甚至教师对个别学生进行思想工作,也被认为是侵犯学生人权。这样做的结果,是学校纪律涣散,甚至发展成课堂暴力。近年来,则认为民主不是绝对的,它往往与权利决策产生矛盾,因此民主决策要与领导决策相结合。如美国的学校管理中,为了整顿纪律,要求师生接受三个基本原则:即国家利益受到侵害时,没有个人自由;学校公共利益受到侵害时,没有个人自由;课堂纪律受到破坏时,没有个人自由。这些变化,也反映了西方管理思想的新发展。

过去我们在教育管理理论中移植的外国管理思想,多是历史上在教育管理中发挥过作用的思想。其中当然有非常正确的思想,但是,我们对外国当前管理思想的发展和变化缺乏研究。正因为如此,我们就很难全面把握先进的理论和准确运用外国的经验。另外,我们在引进某种管理理论时,缺乏认真分析,特别是对于某些曾经在教育管理领域运用过的理论,没有全面了解运用过程中的经验和教训。因而,当我们把这些理论运用于中国教育管理时,容易出现错误。学习外国管理思想,即使是最先进的思想,也要认真了解其在教育管理领域的运用情况,吸收其成功经验,避免重复错误。

近20年来,我们引进了不少外国的管理思想,主要有三类,即20世纪20年代兴起的泰勒的科学管理理论,20世纪30年代兴起50年代完善的行为科学理论和20

世纪 70 年代后形成的"管理科学丛林"。这三类管理理论，在国外特别是美国的教育管理中，都曾经运用过，运用中有成功的经验，也有失败的教训。20 世纪 20 年代的美国，工业化的进程很快，企业界由于对国家做出了贡献，显得十分自豪。但美国社会对教育存在偏见，认为它是纯消费行业。教育界的一些学者，为了证明教育对社会的贡献，也为了改变传统的教育管理方法，开始将泰勒科学管理的方法运用于教育中。运用的结果，在宏观教育管理特别是在教育统计分析方面是成功的，它证明了教育投入的社会效果，说明了美国的进步得益于教育。这一结论，对增加政府的教育投入，促进美国教育的加速发展，起到了积极作用。但在微观学校管理方面，运用是不成功的。他们认为，教师不是雇用劳动者，任何压制和约束，都不能替代教师创造性的劳动。行为科学在教育领域的运用更加普遍，它注重情感因素对教育管理的作用，其实效是非常明显的。但在美国，过分强化情感在管理中的作用，削弱了学校制度和纪律，影响了教育的质量。片面强调情感和个性，也会产生不良后果，包括系统管理、过程管理、目标管理、质量管理等被统称为"管理科学丛林"的思想，也在美国教育界运用过。20 世纪 80 年代，正当这些管理思想盛行，并在企业管理获得成功的时候，教育界认为，在企业管理中能运用如此成功的思想，为什么不能推广到教育管理领域呢？于是派了一些优秀企业家到学校担任校长，但后来多数未能成功。他们认为，对人的管理和对物的管理，是有本质区别的，把对物的管理思想，运用到人的管理中，需要十分慎重。

二、发扬本国优良传统

我国教育管理有着丰富的经验和优良的传统，教育管理研究要以这些经验和传统为基础，为弘扬民族教育管理优良传统和先进经验做铺垫。

我国的教育改革，虽然次数较多，但成效并不显著。究其原因，主要是经常把改革建立在否定过去的基础上，要求"破"字当头，过分夸大现实存在的问题，以说明改革的必要。其实，改革应当以发扬成就为前提，在方法上，应先立后破。中国是一个有众多学生的国家，历史的经验告诉我们，任何一种教育或教育管理的改革，如果不总结发扬过去的成功经验，如果不经过充分论证、长期实验和反复试点，则成功的可能性不大，而且消极影响往往是长久的。

中国教育管理的实践经验是非常丰富的。教育管理研究一定要把总结中国成功的教育管理经验放到最重要的地位。国外在教育改革的过程中，非常重视对我国中小学办学思想的研究,如中国和谐的家庭教育、科学严格的班级管理、规范的制度教学、刻苦的求学精神、严格的考试考查制度等,都是外国学者认真研究的内容。拿基础教育来说,美国近年基础教育的教学改革,正在实施几条最重要的措施:第一,编制全国统一的课程标准和州一级的通用教材;第二,取消免试升级、升学的制度,逐步实行严格的升级、升学考试制度;第三,实行州一级的统考和学校考试质量评估制度,把评估的结果,作为国家对学校拨款多少的依据;第四,国家拨专款,为双职工和单亲子女实行节假期补课的制度;第五,实行"家长择校,学校问责",强化社会和家长对学校管理的监督。不难看出,他们这些做法,主要是学习我国的经验。但是,美国在学习别国的同时,并没有丢掉自己注重培养学生个性、重视实践能力和让学生主动发展的优良教育传统。相反,越是强调全球化、国际化,他们越重视本国教育的优良传统。因此,我国进行教育改革,一方面,要认真学习外国的优秀思想和经验,并将其融合于我国教育的优良传统之中。另一方面,教育改革不能以否定本国教育优良传统为代价。我们的许多思想,如教学为主、依靠教师、全面发展、因材施教、重视德育、强调基础知识和技能、严格考试考评等,不能轻易放弃。教育改革要建立在发扬本国成功经验的基础上,改正确实存在的弊端。

三、正确处理我国教育管理研究中理论与实践的关系

关于我国教育管理研究中理论与实践的关系,我们要从我国教育管理研究的一种基本趋势来认识,即我国教育管理研究要从简单的管理经验总结和简单的企业管理理论移植,向深层次理论与实践结合的方向发展。

在学校教育管理过程中,人们往往把理论与实践的关系,理解为一种直通关系,以为只要掌握了某种正确理论,形成了某种先进理念,就能直接指导教育管理实践;或者以为学了某些先进的教育管理经验,就能直接在本单位运用。前者认为优秀教育管理者是学出来的,只要学好理论、转变观念,就能管好教育;后者认为优秀教育管理者是做出来的,只要在实践中获得经验,就能管好教育。其实,优秀教育管理者,既不是学出来的,也不是做出来的,而是在教育管理实践中,通过理论与实践的结合,认真执行实事求是思想路线的结果。

理论与实践的结合,其结合点是研究的重点。不经过研究,管理实践经验很难上升到管理理论;同样,不经过研究,一种先进的管理理论,也不可能直接指导教育管理实践。研究是一个长期、艰苦的过程,其中包括对历史经验的总结、对外国理论的比较分析、深入全面的教育管理实验和教育思想观念的转化等。

我们是从理论与实践相结合的角度来认识教育管理发展的基本趋势的,同样,我们也要以理论为指导,从现实出发,总结历史经验和教训,推动我国教育管理研究继续发展。

第四章　学校德育管理理论与实践研究

第一节　学校德育管理的重要性

德育实效性是衡量德育管理效果的一个重要标志。因此，研究德育管理的实效性是学校管理研究的一个重大课题。

德育管理实效性问题是一个世界性的问题，世界各国的专家学者都在呼吁加强德育的实效性，并采取了诸多有效措施。日本成立了青少年问题对策总部，建立了548个青少年辅导站；泰国成立了青少年促进会；美国组织专家提出的《2061年计划》把公民责任感作为美国六大战略之一；马来西亚用7年时间调查，提出了加强德育的报告；新加坡也提出了国民新的价值观等。这一方面反映了各国对德育的重视，另一方面也反映了各国对当前德育实效性的忧虑。

从我国的德育管理实效性来看，存在着"低效劳动""无效劳动"，甚至还有"负效劳动"现象，总之，实效性不高。实效性差很重要的原因是跟不上时代的发展，突出表现为"三重三轻""三个不适应""四个不能"。"三重三轻"即重智育轻德育、重知识轻能力、重课堂教学轻社会实践。"三个不适应"即德育工作不适应青少年身心发展的特点、不适应社会生活的新变化、不适应全面推进素质教育的要求。"四个不能"即不能很好地根据青少年学生的身心特点和认识规律开展德育工作，存在着成人化倾向；不能很好地根据国内外形势的新变化、教育改革和发展的新任务与青少年思想教育工作的新情况，有针对性地对学生进行教育；不能很好地将校内教育与社会实践和家庭教育密切结合起来；不能很好地将知识传授与行为养成密切结合起来。

面对新形势、新情况，德育与德育管理工作在继承和发扬优良传统的基础上，必须在内容、形式、方法、手段、机制等方面进行创新和改进，特别要在增强时代感，加强针对性、实效性上下功夫，增强德育工作的紧迫感和责任感。必须下大力气研究德育和德育管理的实效性问题，使德育工作走上科学化、系统化、规范化、现代化的健康发展轨道。

第二节 学校德育内容与任务

一、学校德育的内容

学校德育实效不尽如人意的主要原因之一，是没有对中国社会转型期的时代特点进行深刻研究，没有形成新时期道德教育的核心内容，且缺乏时代针对性。以下是两个研究者对道德核心内容的看法。

叶澜认为，新时期道德教育的核心内容及其关系问题应分为四个层次：

第一，以"诚信"为核心的为人之德教育。这是市场经济发展要求建立以"诚信"为道德基础的时代特征的反映。

第二，以责任为核心的为事之德教育，包括人对自己的选择负责、对自己承担的工作负责。这是比"奉献"更低一个层次但更为基本的公民道德。

第三，以"爱国"为核心的为民之德教育。这是当代经济全球化背景下维护国家、民族尊严和利益的保证。

第四，以"自我完善"为核心的生存道德教育。这是当代社会复杂性和变化加剧特征的要求。

李德顺则认为：

第一，在群众道德建设的内容上，需要以道德人格的确立和健全为重心。

"道德人格"主要是指人们的道德主体意识，包括追求高尚道德选择的能力自信和人格尊严等。道德人格同道德规范相比，是更深层、更基础的道德意识。在社会生活中，现实的道德规范不仅是多元的，而且是多层次、多样化的，需要人们自觉地加以选择和遵守的道德规范时时处处都有。比如，在家庭中有亲情规范，在朋友间有交友规范，在政治上有政治道德，在学业上有学术规范，在婚姻上有婚姻规范，在公共交往中有礼仪规范等。我们的道德建设要从"重人格、带规范"入手，才能扭转被动的局面。

第二，在各个层次道德规范的建设中，应该首先着重于公德系统的规范化。

传统道德教育的另一个弊端，是公德与私德不分，或重私德而轻公德。其表现是过分地诉求于个人，而对社会的公共道德规范建设与实施则要求不多。所谓"修身、齐家、治国、平天下"便是这种道德思维方式的典型。它把国家、社会的一切均寄托于个人的修养，而不承认或从根本上忽视了社会体制、环境、公共规则的作用。以这样的思想进行道德教育,一方面导致对个人行为干预过多,从而束缚个性(人的道德个性即私德)发展;另一方面则导致忽视与放松社会应有的体制、机制、法制规范体系的健全改进。

公德,是指社会公共事务、公共角色、公众行为中的道德原则和规范,如职业道德,社会角色道德,管理、决策和组织方式的道德等。社会公共规范是社会公德最明确的表现,遵守公共规范就是尊重自己所联系的社会公德,如政府部门重"官德"、教师重"师德"。每一个从事社会公共事务的人都尊重、珍惜自己的"业德",即职业道德,这是公德建设的第一步,是最起码的、最重要的一个目标。

在当前情况下,道德建设首先要着眼于社会公德的规范化,把有助于完善社会主义公德的各项规范落到实处、建设完备,并让它们见到实效。道德建设不仅对形成新的社会风气有直接的决定作用,而且对个人道德培养和提高有着巨大的影响力和感召力。它是我们新时代道德文明建设的主要基础工程。

国家在总结各种研究成果的基础上,在《公民道德建设纲要》中明确指出,要在全社会大力倡导"爱国守法,明礼诚信,团结友善,勤俭自强,敬业奉献"的基本道德规范。社会主义道德建设要坚持以为人民服务为核心,以集体主义为原则,以爱祖国、爱人民、爱劳动、爱科学、爱社会主义为基本要求,以社会公德、职业道德、家庭美德为着力点,在公民道德建设中把这些主要内容具体化、规范化,使之成为全体公民普遍认同和自觉遵守的行为准则。

该纲要还提出了公民道德运作的三大创新机制:尊重个人的权益与承担社会责任相统一,着眼多数与鼓励追求先进道德相结合,强调道德自觉与完善制度约束相结合。

二、学校德育的任务

自从以经济建设为中心,实行改革开放以来,特别是向市场经济转变以来,我国社会道德状况发生了巨大的变化,突出的一点是许多传统的道德观念受到了极大的冲击,人们的道德行为出现了空前错综复杂的局面,不少人的道德意识也处在极度混乱、迷惘的状态。

有人认为,当前的道德失控是社会转型期一种暂时的表面现象,与这些表面的"滑坡"相伴随的,还有深层的道德进步,如人们的道德心理和行为中出现的由"假"向"真"、由"虚"向"实"、由"懒"向"勤"、由"依赖顺从型"向"独立进取型"、由"封闭"向"开放"、由"单一化"向"多元化"回归等变化。从长远来看，这是现代道德文明振兴的开始。总之，我们的道德从本质和趋势上看，需要"爬坡"，也正在"爬坡"。

判断社会道德发展状况、衡量社会道德进退得失的标准，实际上是有两个层次的：一个是以一定的道德理想作为标准，即道德标准；另一个是以社会进步发展作为标准，即社会历史的标准。

道德标准，是以一定道德体系为坐标，用它的观念和指标，如一定的道德理想、规范、信念等，来衡量人们的现实行为和社会风气。凡是符合这些标准的人和事，就给以肯定，认为它是好的，反之则加以否定，认为它是不好的；凡是趋向于道德理想的变化，才是道德上的"进步"，反之则是"退步"。道德标准是构成社会文明的一个重要方面，而片面的道德理想主义则往往只承认这个标准，不了解或不承认还有另一层标准，甚至它们的道德理解本身是脱离现实、脱离人民的。

社会历史标准，是以对社会全面发展的意义和作用来衡量一切人和事的，其中也包括要对道德的理想和观念加以检验。在历史上和每个时代中，都存在着各种各样的道德及其理想、标准，因此还必须有指导、评价和选择它们的更高标准。也就是说，道德只是一个衡量社会发展状况的具体标准，并不是一个可以无条件地评价社会历史的最高标准。在人类社会的历史发展中，道德本身的合理性和先进性，也是需要检验和发展的。对于我们来说，这个更高的标准就是有利于人类社会的进一步解放和发展的道德，才是进步的、合理的，反之则是落后的和不合理的道德。换句话说，归根结底，只有推动社会前进的，才是最道德的。这一点则往往不能被道德理想主义所把握。

上述两个层次标准的适用范围不同，具体的道德标准主要适用于一个既定道德体系的建设，社会历史标准则适用于整个历史和社会的全面过程。特别是在社会变革和转型的时期，每个具体的道德标准都要经受历史的检验，道德标准的变更和重新确立也要以历史标准为根据。两个标准之间如果发生冲突，历史的结论往往是：道德标准最终要服从历史标准。这是一场深刻的、不无痛苦的思想革命。"滑坡论"与"爬坡论"之争，实际上反映出的正是这两个不同层次标准之间的差别：用既有的一成不变的道德标准来衡量现实，往往会比较多地看到"失落"的方面；而用社会历史的标准来看待现实，则往往更注重道德与社会进步之间的一致性，看到道德革新的要求和趋势。

德育是全面发展教育的重要组成部分，包括政治教育、思想教育和道德教育三个方面。德育工作是一项复杂的系统工程，其成效在很大程度上取决于德育管理的水平。德育管理的任务是以保证德育任务的顺利完成为出发点和归宿的。德育的作用主要有以下几个方面。

①全面规划并组织德育工作的实施。学校应对德育工作高度重视并全面规划，在明确德育目标的基础上，根据中小学德育大纲制定出本校的实施细则，全方位组织实施。通过制订德育工作实施方案，要让全体教职工明确德育工作的重要性和任务。学校的各项工作都具有教育性，每个教职工都是德育工作者，都要在不同的岗位上担负起教育学生的责任。

②发挥思想品德课和其他各科教学的教育作用。思想品德课是较系统地向学生进行思想品德和政治教育的一门课程，在学校德育工作中有着特殊的地位和作用。因此，学校要重视思想品德课教学内容、教学方法的改革，密切联系学生思想实际，逐步提高学生的思想政治水平和社会主义道德品质。同时，还要强化教书育人的职业道德，发挥各科教学的德育优势，引导全体教师自觉做到寓德育于各科教学内容与各个教学环节之中。

③加强对班主任工作的组织管理。班级是进行德育的基层单位，班主任所进行的日常思想教育是学校德育工作的基础。班主任工作的优劣直接关系到学生思想品德的培养和学校校风的建设。因此，加强对班主任工作的组织管理要做好以下四个方面的工作：第一，要锻炼和培养一支热爱学生、具有吃苦耐劳精神、富有教育教学经验、有一定管理能力的、较为稳定的班主任队伍。第二，要在开展班级工作的各个基本环节上给班主任以指导和帮助。第三，及时总结交流经验，注重班主任业务水平和基本素养的提高。第四，要采取适当措施改善班主任的待遇。

④加强对德育工作的评估管理。德育工作进行的效果如何，要通过一定的方式做出客观的评价。德育评估包括对学校整体德育工作的评估和学生个体思想品德的评估。只有既考评学校的德育工作，又考评学生的思想品德，才能全面总结管理的经验教训，促进德育工作的开展和学生品德的成长。德育的评估可分为定性评估和定量评估，这两种评估方法各有利弊，一般采取定性评估和定量评估相结合的方式进行。

第三节　学校德育管理实效性提高的方法

邓小平在改革开放十年之际曾经指出："十年来我们的最大失误是在教育方面，对青少年的政治思想教育抓得不够，教育发展不够。"世纪之交，随着经济的发展、社会的转型，教育面临着更大的挑战，思想政治工作虽然比以往有很大改善，但在学校思想政治工作中，德育的实际效果并不理想。出现这种结果的原因是多方面的。就内部原因而言，目前不少学校在德育工作中重形式、轻实效，不分对象施教；有人认为花的时间多、精力多，德育效果必然好；甚至有人单纯以工作量来衡量德育工作成绩。就外部原因而言，经济发展促进了人们的思想解放，产生了许多与社会进步相适应的新观念，同时也出现了一些消极的思想与观念，一定程度上出现了道德滑坡现象。当前，要切实提高学校德育工作的实效性，必须针对上述原因，提出系统的对策，具体可以从以下几个方面着手。

一、确立"以人为本"的德育观念

德育观念是德育管理的根本指导思想，更新德育观念是提高德育实效性的关键。传统德育把受教育者当作各种道德规范的接受体，学生处于被动接受教育的地位，教育者与受教育者之间难以沟通，增加了德育实施的难度。在当今知识经济时代，社会所需要的是具有主体精神、创新精神的人，教育不断提升人的地位是一种基本的走向。在这种情况下，"以人为本"的德育观念是时代的体现，树立"以人为本"的观念，是在德育工作中从学生出发，把学生作为独立的主体，教会学生做人。一方面把社会所需要的思想道德价值观传递给学生，使之社会化；另一方面，注重学生的自我完善与自我发展。确立"以人为本"的德育观应该注意以下两点：一是教育者与受教育者成为道德教育的共同参与者。在道德教育中，教育双方之间要相互理解、相互尊重，通过情感的交流与共鸣，促进道德的内化。二是要注意道德教育过程是一个对话过程。这种对话是一种广义上的对话，它可以是以道德认识为目的的观点性讨论，也可以是教育行为上的相互影响。

二、调整德育的自身结构

德育的自身结构包括目标、内容与方法三个方面。在新的发展时期，要真正提高德育工作的实效性，就要在这三个方面实现全面的创新。

（一）确定既符合社会需要又适应个体发展的德育目标

德育目标制约与影响着德育的全过程，决定着德育内容方法与途径的选择，因此，明确德育目标是德育工作的首要问题。在当今学校德育工作中，德育目标存在"高、大、空"的问题。所谓"高"指的是过于理想化。追求美好理想本是应该大力提倡的，但是不能一味脱离实际地追求理想。当前，学校德育往往缺乏更基础、更现实的目标体系和价值趋向，脱离社会实际和学生生活实际。这样不仅不能引起学生的兴趣，反而容易使得学生反感。所谓"大"指的是共性化。"四有新人"（有理想、有道德、有文化、有纪律），是对广大干部群众和青少年的共同要求，但对青少年而言，缺乏对不同教育阶段、不同群体、不同层次的理论研究，实际工作中更容易受到忽视。所谓"空"，指的是一般化。德育工作流于空泛，缺乏明确要求和集体指标，可操作性不强。德育目标是一种预期的结果，但它毕竟不是真实的客观结果。

当前，要使德育目标更切合实际、更具有层次性，需要注意两个方面的问题：一是根据社会对人才的需要确立德育目标。任何一个社会都要求其公民认可现存的政治、经济制度，遵守社会所规定的法律和道德，为社会的繁荣和发展尽义务，这些基本的要求理所当然地成为制定德育目标的依据。二是随着科学技术的发展和现代生活方式的变化，只强调阶级的、政治的目标显然是片面的，科技的进步提高了产品生产率，促进了社会加速发展，但同时也带来了一些新问题，对以往的道德观念提出了挑战，如克隆技术、安乐死等，这种情况反映到德育中，在确定目标时要考虑受教育者心理发展水平和自身发展的需要。当代青少年的道德认识和行为带有明显的时代特征。一方面是思想品德认识的主体性和独立性；另一方面是青少年思想品德认识的结果呈现出多样性。此外，在确立目标时，还有一点需要注意，就是目标的系统性。根据学校实际，应尽量把目标分解到不同的年级，有重点、分阶段、分层次地贯彻落实。

（二）依据新的德育目标进一步充实德育的内容

当今学校德育内容的主要问题体现在以下几点：一是部分内容老化，已不能适应时代发展的需要，只是重要介绍一些陈旧的、脱离社会现实的东西，而学生希望解决的问题得不到回答，导致学生不愿意参加德育活动。二是德育内容与学生身心发展脱节，甚至大、中、小学生德育内容倒挂，中、小学狠抓智育，忽视基础文明、基础道德规范的教育，到了大学以后却要抓"吃饭排队""不随地吐痰"等行为规范的教育。

于是有人戏称我们现在的德育"对幼儿园实行的是共产主义教育，对小学生实行的是社会主义教育，对中学生实现政治教育，对本科生实行基础行为规范的教育，对留学生实行的是我是中国人的教育"。三是大、中、小学德育内容的重复。例如大、中、小学生都进行马克思主义理论教育，但是各种教育内容没有根据学生实际予以明显区别。

道德源于人们物质生活过程中的交往活动，是人们在社会生活中自发形成的。因此最初的道德教育是与学生生活联系在一起的，后来随着制度化教育的产生，学校教育与生活走向了分离。然而，人的道德植根于人们的现实生活，品德的养成发生在每个具有偶然性的真实社会情境中，德育只有立足于学生丰富的生活实际才能更好地实现道德的内化，达到育人的目的。

针对德育内容的现状，结合德育自身的特点，我们需要从以下几个角度充实德育内容：一是力求内容安排的序列化。德育内容的选择与安排直接服务于德育目标的达成，德育目标有一个层次化、序列化的过程，相应的德育内容也要注意序列性。二是加强学生道德敏感性的培养。当今社会的基本特点是开放性，道德价值观的基本趋向是多元化。价值多元化是指同一社会同时存在两个或两个以上的价值观念体系。例如，"谦让"一直被认为是传统美德，在如今却受到人们的质疑，面对权利与利益时，人们不再是一味相让，而是提倡公平竞争，因为公平才是最根本的道德原则。在价值多元化的社会现实下，学校德育应该使学生意识到自己的道德价值观以及他人的道德价值观，使他们自觉地发现和理解在现实生活中自己与他人在价值观上的一致和冲突，只有具备了良好的道德敏感性，学生才能够在具有多种价值观的社会中学会与他人和平共处，创造美好未来。三是重视培养学生的道德思维能力。道德思维能力包括道德推理能力、判断能力、抉择能力等。现代社会的道德是理性的道德，学校应借助理性力量形成学生自己的道德信念，理解社会的道德规则，以便在面对道德冲突时能顺利做出道德判断和抉择。

（三）科学的选择德育方法

德育方法是思想品德教育所采取的各种影响方法的总称，包括教育者和受教育者两方面的方法。作为社会要求与受教育者主观世界发生关系的纽带，德育方法对德育实效有很大的影响作用。常见的德育方法有说服教育法、榜样示范法、情感陶冶法、品德评价法等。长期以来，学校德育仅仅局限于道德知识的传授和道德原则的灌输，忽视了学生的道德情感、道德意志以及道德实践能力的培养，导致学生言行不一。灌输从根本上是强制性地使儿童接受自己不理解的教育内容。20世纪以来，灌输的方法一直是教育家们所极力反对的，然而在现实生活中，灌输的方法仍不同程度、不同形式的存在着。例如，在日常教育中，热衷于道德知识的竞赛活动，以思想政治课考试成绩衡量学生的品德发展水平等。阿特金森认为，灌输的缺点不在于内容，而在于方法的不合理性，当教育者用强迫的非理性的方法进行教育，而不考虑受教育者是否愿意、是否能够接受时，就是进行道德灌输。柯尔伯格极力反对道德灌输，认为灌输既不是一种教授道德的方法，也不是一种道德的教学方法。道德学习的特殊性使得它更强调潜移默化的影响和生活实践，如果单纯地把道德作为一种知识来教，而对学生的道德实践关心不足，即使学生掌握了良好的道德规范体系，也会因缺乏实践而不能转化为道德信念并指导道德行为。因此，教师必须切实改变传统的单纯灌输的德育方法，根据学生道德接受的基本规律，选用科学的方法，并对各种方法进行优化组合。在具体的组合过程中要注意"三个结合"：一是教育和自我教育相结合，因为作为教育活动的主体，外界影响必须通过受教育者自身的意识发生作用；二是说理教育和德育实践要结合起来；三是道德教育和心理教育相结合，德育和心理教育有着密切的联系，健康的心理是顺利进行德育的基础，要注意道德习惯的养成和心理训练的结合。

三、实行三位一体的德育途径

德育的渗透性、复杂性、长期性要求我们必须多途径协调合作，形成学校、家庭、社会三位一体的德育途径。

首先，要充分发挥学校在德育中的主导作用。在学校德育中有许多德育实施的途径，如专门的德育课、其他学科的德育渗透、学校集体活动及环境影响等。作为专门的教育机构，学校必须发挥主导作用。在学科教学日益智育化，且未找到有效的办法通过学科教学实施德育的条件下，设立单独的德育课，至少可以使学校德育的实施在课程和时间上得到最低限度的保证，也有利于系统地向学生传授道德知识和理论，提高学生的道德认识。学生要学会复杂的道德判断，就必须学会以特定的方式探究特殊的道德问题、以特殊的方法进行道德推理，这些都需要安排专门的教师进行教学。但道德课的缺陷在于单纯的课堂教学容易导致知行分离，因此在进行直接道德教学的同时必须注意与其他方面的结合。

其次，要高度重视家庭在德育中的地位与作用。看到德育的实效性低下时，人们往往会去指责学校教育失职，殊不知，家庭教育也负有很大责任。特别是学校教育与家庭教育不协调时，更容易导致德育实效的降低，因此提高德育实效要注意与家庭教育相配合。提高家庭育人水平的关键在于提高家长的素质。作为家长，应注意树立正确的教育观念，运用科学的方法对子女进行教育。一是要教育子女先做人，对子女品德方面的问题要认真分析原因，根据其性质合理对待，并且要充分激发子女积极向上的动力，帮助其改过自新。二是要与子女平等相处。一方面在家庭教育中以身示范，注重言教与身教的统一；另一方面要尊重子女的情感、意愿和选择，以理服人，而不能强制管教子女。

　　最后，要注意实现德育的社会化，实现德育社会化主要是做好社区的德育教育，做到社会影响与家庭、学校相配合。实现德育社会化主要有以下几点：一是优化社会环境、发动社会支持、参与学校德育。二是搞好青少年校外教育，充分利用社会资源的教育作用，如博物馆、敬老院、图书馆等，都有潜在的德育教育作用。三是推动社区精神文明建设，创造良好的德育环境，包括形成良好的社会风气、公共秩序和生活环境等。

四、构建合理的德育评价体系

　　德育实效性的评价不在于学校组织了多少次德育活动，也不在于对学生做了多少件好事的统计数据，而在于学生思想品德水平的提高和发展。对学生思想品德的评价需要从知到行两个方面进行分析判断，并要结合学生在学校、家庭、社会各个方面的表现进行系统的分析，这就使得评价有相当大的难度。人的思想观念作为一种精神因素是不能被直接测量的，但人的思想观念在对外部世界反映的同时，又必然通过其外部言行在日常生活、学习和工作中表现出来，并作用于社会和他人。因此，品德测评虽有很大难度，但不是不可能，其关键在于评估者的素质水平及方法的科学性。为此，在德育实效性评价过程中应遵循以下三个原则：一是客观性原则，即评价者以真实的资料为基础，对教育成果进行客观的价值判断，使用评价内容、标准时要克服主观随意性。二是教育性原则，德育评价从形式上看是一种分析信息、得出结论的过程，实质上是为了教育被评价者，促进他们良好品德的发展。三是科学性原则，即要以科学理论为指导，评价体系和评价方法要符合德育规律和青少年成长规律。

德育实效的复杂性在于其影响因素很多，因此实效性问题一直是德育的难题。当今德育存在的主要问题表现在目标、内容、方法等方面的不合实际。我国近年来已有一些对德育实效性的研究，但是大多的研究只是针对其中的一点来展开的，系统的研究并不多见。德育实效是一个系统的工程，要提高德育实效首先要更新德育观念，弄清楚德育最根本的目标所在，并且选择适当的内容、方法和模式。德育过程的特殊性使得德育目的的达到要通过多种途径，教育者本身的素质也是德育实施中一个非常重要的问题，需要进行深入研究。

第五章 学校师生管理的理论与实践研究

教育是培养人的社会现象。教育活动主要是教育者和受教育者的活动，研究教育现象必须研究教育活动的主体——教师和学生在教育过程中的地位和作用。但是，长期以来，在我国的教育理论研究中，重视研究教师，强调教师在教育过程中的地位和作用，而忽视对学生的研究，只是把学生看成被教育的对象，忽视学生的主体作用。学校管理也大多忽视学生的作用，把学生看作被管的对象。在教育管理的理论研究中，对学生的研究还处于一个薄弱环节。因此，对学校实行科学化管理，全面提高教育质量，必须加强对学生管理的研究。

第一节 学生管理工作的特点、观念与内容

学生管理是教育管理不可或缺的组成部分。科学有效的学生管理有助于学生养成良好的行为规范，发展学生的自我管理能力，同时也为完成学校的中心任务提供保障。其成功的经验也可为其他领域的管理提供借鉴，从而带动教育管理整体水平的提升。学生管理的目的在于帮助学生形成良好的学习习惯、生活习惯与行为习惯，使学生具有基本的自立能力、自制能力和独立生活能力，使学生能够愉快地学习、健康地成长，在德智体诸方面得到和谐的发展。

一、学生管理工作的特点

学生是受教育者，是学校管理的对象，但学生是现实生活中的人，是发展中的人，他们的思想观念、情感行为是随着社会生活条件、人际关系的变化而变化的，不是静态不变的。在教育实践中，在教育理论研究中，乃至学校对学生管理的过程中，往往忽视学生的人的本质属性。马克思主义认为人的本质是社会关系的总和。每个人都有自然属性和社会属性，都存在身心两个方面的发展，学生的思想认识、情感意志、行为习惯的形成和发展，都离不开现实生活。学生是社会的一员，研究学生不能脱离现实社会。我们现在正处在一个变革的时期，人们的思想观念在不断变化，我们的教育对象、管理对象也在变化，他们思想活跃、消息灵通、思想开放。

二、学生管理工作应树立的观念

根据学生管理工作的特点,在学生管理工作中应树立以下几种观念。

(一)树立正确的学生观

学生管理的实质在于调动学生的积极性,使学生管理得到学生配合,取得最佳效果。这就要求管理者既要把学生看成被管理的对象,又要帮助学生树立思想意识和人生价值观。管理过程中,既要严格要求,又要尊重学生,充分发挥他们的自觉性、主动性。例如,学校管理者经常倾听学生的意见和建议,培养学生的主人翁精神。像魏书生管理学生那样,有关学生的事情,学生商量着办。不能事事由学校下命令,由教师做出规定,让学生处在被动服从的地位。商量不是迁就学生,而是让学生懂得学校规定的意义,把规定和命令变成学生的自我要求。

(二)树立正确的人才观

教育是培养人的社会活动。学生的主要任务是学习,有人认为学习成绩好的是好学生,能考上高一级学校的是人才。有人认为学习尖子将来可能是人才,学习差的也不见得不能成才;考上大学的是人才,考不上大学的也是人才。这实际上是人才观的问题。实践证明人的发展是有差异的,专家学者是人才,在平凡岗位上为人类做出贡献的也是人才。教育工作者应树立人才层次观念,要从单一的人才观转变为多层次、多规格的人才观,对每一个学生都抱有希望,努力培养他们成为各种人才。管理者要明确,人才不是天才,天才是人才中的出众者,是少数人。我们要建设具有中国特色的社会主义现代化强国,不是靠少数人完成的,而是需要教育培养众多的劳动者、现代管理人才、教育工作者、科学工作者、医务工作者、理论工作者等各种人才。这就要求管理者面向全体学生,精心培养,引导和帮助他们成为各级各类人才。

(三)树立正确的质量观

关于教育质量问题是长期以来有争论的问题。该问题主要表现在什么样的学生是好学生。有的认为学习好就是好学生,因为学习成绩可以用分数表示。有的学校规定,各科成绩达到八十五分或九十分以上才能评为"三好生"。"三好生"生应是全面发展的学生,且在全面发展基础上学有特色的学生。

全面发展的学生,不仅学习好,思想品德也应当好。但教师往往偏爱那些听教师的话,在常规教育下能遵守纪律的学生。那些不怎么听话、爱发表不同意见、爱提问题的学生,往往不受重视。事实上,有些调皮的学生,只要教育得法也能成才。从系统论角度分析,整体优才是最优。管理者不仅要面向全体管理,还要实现学生的德智体全面发展。管理者绝对不能以个人好恶为标准评价学生,更不能把考试成绩优劣当作评价学生的质量标准。

(四)树立正确的未来观

青少年是祖国的未来和希望,国家的兴旺都取决于下一代。青少年不仅是国家的未来,现代化建设的希望,而且是人类的未来。如果我们不重视青少年的教育,将要犯战略性错误。

教育是未来的事业,教育不但要为当前现代社会培养经济建设人才,还要预测未来,为未来社会准备人才,这是由教育的特点决定的。为此,教育要为学生将来成才打好基础,重视学生素质培养;做好学生思想品德教育,使学生学会做人;为学生打好知识能力的基础,使学生学会学习;为学生打好身体素质的基础,使学生健康成长。管理者要立足今天、反思昨天、探索明天,按照未来社会的需要培养学生,加强学生管理。

三、学生管理工作的内容

(一)学生学习的管理

学生的主要任务是学习,学生在学习过程中,能够形成良好的思想品德。因此,加强对学生学习的管理有重要意义。

1. 研究学生学习的特点

学生的学习与其他社会成员的学习不同。学生的学习有专职教师的指导,并且在特定的环境中进行,是一种认识活动。学生的这种认识活动是一种艰苦的脑力过程,要经过由不知到知、由知到用的两个转化过程。由知到用的转化更为重要,因为通过知识的运用可以培养学生的能力,发展智力。学生的认识活动与人类的认识活动是有区别的。人类的认识活动是由实践到认识,再由认识到实践,这样循环往复,以至无穷。学生的认识活动是从理性认识开始,以掌握前人的经验为目的的,前人的经验是系统的理论。学生往往从实践入手,亲自探索、发现。学生学习的书本知识,是他人实践获得的认识成果,对学生来说是间接经验,加强学生学习的管理,就要重视理论联系实际的原则,除课堂教学管理外,还要加强课外、校外活动和各种科技活动的管理。通过各种各样的活动,开拓学生的知识领域,开阔视野,丰富知识,接触实践,接触社会,更好地实现由知到用的第二个转化,开辟广阔的天地。但必须明确学生的实践活动,主要是为了更好地掌握知识。对于这个问题人们在认识上是有反复的。有时候强调学生的实践活动,忽视了学生认识活动的特点,而有时候又强调学习理性知识忽视学生的实践活动。人们现在提出转变封闭式教学为开放式教学,重视学生能力的培养,重视学生的实践活动,这是正确的,但不能失控,应当吸取历史的经验教训,正确处理学生读书和实践的关系,全面提高教学质量。

2. 研究学生的学习动机,培养学习兴趣

动机是直接推动一个人进行活动的内部动因或动力。学生学习动机是引起学生的学习活动并指引学习活动向一定目标进行。管理者要研究学生学习动机的形成规律,培养学生的学习兴趣。怎样培养和激发学生学习的动机呢?要研究中小学生学习动机形成和发展过程,一般情况下,学生开始学习时,是期望获得好成绩,这就是学生学习活动开始的动机。教师如果重视培养学习动机,就应结合本学科特点,帮助学生取得好成绩,然后再进一步引导他们确立正确的学习目的。遵循学生动机形成和发展的规律进行教育培养,经常采用的方法有:

①帮助学生明确具体的学习目的任务及要求,明确学习某种知识的用途。

②帮助学生学懂学会,用学生学习成功的体验调动学生学习的积极性。

③培养学生自我评价的能力,使学生自觉地调节自己的需要和行为,逐步形成正确的学习目的。

④开展多种多样的实践活动,培养学生的学习兴趣,激发学生的学习动机。

⑤通过学习榜样,使学生在模仿他人学习的过程中,逐步培养正确的学习动机。

3. 加强常规训练培养学生良好的学习习惯

学生掌握知识靠日积月累,学习能力靠长期训练,培养良好的学习习惯是学习的需要,也是教学的目的之一。加强学生的学习管理,应制订各种学习制度。如课堂常规、作业规范化的要求等。实践证明,结合学校实际情况,制定出各种学习规则和生活制度,是学生在学校课堂、操场、实验室、图书馆等场所进行学习和活动时必须遵循的制度。这样可以更好地协调学生的集体行动,培养学生组织纪律性和有规律地学习和活动的习惯,从而养成良好的学习习惯,终身受益。

（二）学生集体的管理

学生是教育的对象。在教育过程中，教师大部分时间不是面对学生个体进行教育教学活动，而是面向学生集体进行教育的。也就是说学生个体和学生集体都是教育对象。学生集体不是单个人简单的相加，集体的目标、集体的舆论、集体给予每个人的权利和义务，把人与人之间有机地结合起来，并对每个人的思想、情感、意志、性格有重大影响。

在班级教育中，由于学生要完成统一的学习任务，他们的学习内容大致相同，年龄相仿，各班人数相差不多，这是形成班集体的有利因素，因此教育者在对学生教育时，要重视班集体的培养和发挥班集体在教育中的作用。

学校管理过程中，通过班主任的工作，把学生组成班集体，通过班集体对学生个体进行教育。班集体的管理一般有以下几个阶段。

1. 学生之间孤立联系阶段

新生入学之初，同学之间，师生之间互不了解或了解很少。教师应通过调查研究尽快把学习情况了解清楚，并组织有关活动，创造条件使学生彼此熟悉起来。

2. 学生之间形成核心的阶段

在学生交往中，教师在全面了解的基础上，发现和培养积极分子，选拔班干部，以形成集体的核心。其主要特点是建立各种组织机构。

3. 培养集体正确的舆论阶段

班集体的舆论有正确的和不正确的两种。正确的集体舆论靠教育培养。通过组织各项班级活动，扶植培养舆论。正确舆论的形成标志着班集体的形成。

4. 班集体目标确立阶段

有经验的班主任，在培养班集体的过程中，经常为班集体提出新的目标，使集体通过目标管理向前发展。班主任要发动和依靠学生确立班集体的长远目标和近期目标，使集体的每一个成员都明确班集体的目标，并根据集体的目标确立个体的奋斗目标。

在学生管理中，要重视学生集体的培养、关心集体的成长。在教育过程中，要发挥班集体的教育作用，依靠集体教育个人，通过个人影响集体。

（三）师生关系的管理

学生到学校学习，离不开教师的指导，而教师承担教育培养下一代的责任，这就形成了紧密联系的师生关系。在学生管理中要求教师尽力满足学生合理的要求和期望。在安排教师工作时，一定要考虑师生关系。

教师和学生是两个独立的实体。教师有自己的思想、观念、行为习惯，学生有自己的思想、观念、兴趣和爱好。师生之间有一致的地方，才能形成教育。学生对教师有依存感，同时又有独立的个性，特别是高年级的学生总希望摆脱教师的束缚和影响来考虑问题。这就形成了学生既有与教师配合接受教育的一面，又有排斥干扰教师教育的一面。教师希望培养出有理想的学生，由于年龄差别、思想观念的差异，反映在教育过程中，师生既有一致性，又有矛盾性。在学生管理中要协调师生之间的工作关系。特别要教育教师，正确处理师生之间的工作关系、人际关系、组织关系和非正式关系，把对学生的严格要求与尊重学生结合起来，发展平等的、民主的师生关系。

（四）学生的自我管理

为了加强学生管理，还应培养学生自我管理的能力。青少年时期学生的自我意识进一步发展，在他们心目中形成了两个自我，一个是理想的自我，另一个是现实生活中的自我。如果这两个自我不相符合就会发生矛盾，使心情不安或感到痛苦。培养自我管理能力，管理者要帮助学生解决这一矛盾，学生追求理想中的自我，可能是一种英雄形象，这是积极因素，对学生有激励作用，应当给予鼓励、扶植。学生追求的自我也许低于现实自我的一种形象，这是学生前进中的消极因素，应当帮助学生正确认识自己，抛弃低级趣味，让学生进入新的思想境界。要达到这一要求，必须教育学生在知情意行几方面进行自我管理。

教育帮助学生提高认识，进行自我分析、自我观察，正确认识自己。培养学生积极的情感，引导学生进行自我体验、自我激励，确立奋斗目标，积极向上。有了过失，要自我分析，勇于改过自新。引导学生进行意志锻炼，创造条件让学生自己给自己制订计划，并督促学生实现自己的诺言，学会自我命令、自我控制，要自己战胜自己。在行为上能自我调节、自我修养、自我计划、自我检查，养成良好的行为习惯。

第二节　学生管理工作的基本原则

学生管理的原则是根据学生管理的目标提出来的，也是学生管理工作经验的概括和总结，并在管理工作实践中不断发展和完善。

一、方向性原则

方向性原则要求管理者在学生管理工作中，把坚定正确的政治方向放在第一位，坚持四项基本原则，加强学生思想政治教育工作，并以此为指导思想组织各项教育教学活动。学校的一切工作都以育人为目的，但学校育人是有方向性的。学校必须以培养坚持社会主义方向的各级各类人才为目的。

学生管理是一种有目的的活动。组织任何活动都有预定进程的指向，即管理的方向性。这个指向就是培养"四有"人才。学生管理是组织育人的活动，既有教育者的活动，又有受教育者的活动。因此，在学生管理工作中，首先要教育全体教职工，明确自己工作的目的性和方向性，使每个教育者的工作都符合总方向，并通过全体教育者的工作，帮助学生明确这个总方向，明确自己学习的方向、身心发展的方向，使教育者和受教育者统一思想、统一步调、互相配合，实现教育目的。

二、整体性原则

整体性原则要求管理者全面贯彻党的教育方针，以培养德、智、体、美、知、情、意、有个性特征的全面发展的人才为管理目标，使每个学生都得到全面发展。这是学生管理的出发点，也是学生管理的归宿。

要使学生德智体美全面发展，必须施以全面发展的教育，"四育"是一个整体，各育有独特的任务和育人作用，它们之间不能互相代替。学生的身心发展也是一个整体，不能分解。特别是中小学生正处在身心发展的关键时期，绝对不能取此舍彼，他们的世界观、人生观还没有形成，智力能力、知识水平有待发展和提高，情感、行为习惯需要通过教育进行培养。因此学生管理要把各育看成一个整体，把学生也看成一个整体。只抓"一育"不符合青少年身心发展的规律，也违背党的教育方针。在实际工作中，虽然各育分开进行，但在育人方面，它们是相互渗透、相互促进、相互制约、缺一不可的，落实在学生身上是个整体。要使学生全面发展，必须施以全面发展的教育。

三、规范化原则

规范化原则要求管理者对受教育者进行规范化的培养和训练，形成受教育者良好的品德和行为习惯。

我国的《义务教育法》都提出提高全民族素质问题。古今中外教育实践证明，民族素质的提高要从小抓起。青少年时期是长身体长知识的时期，可塑性较大，良好的行为习惯容易培养，经过强化将为终身打下基础。普通教育要重视学生的政治素质、科学文化素质、智能素质和身体素质的培养，从小施以规范化的训练。在训练中要高标准严要求，并有一套制度保证。学生一系列的行为模式不仅受社会传统观念、文化风俗的影响，还受规章制度的约束。贯彻规范化原则，要制定一系列科学的、可行的规章制度，用制度规范人的行为。如上课有上课的制度和纪律、考试有考试的纪律等。学生从小培养遵纪守法的习惯，将来走向工作岗位，就会有良好的行为习惯和良好的作风。

四、疏导原则

学生管理要从管训型转化到疏导型。青少年学生是正在成长中的一代，他们的生理、心理正在发展，知识和生活经验还不丰富，分辨是非的能力差，难免出现这样那样的问题。管理者对待学生的问题，要坚持疏导的原则、方法。这是思想政治教育的基本原则。学生管理者在教育实践中，在处理学生问题的过程中往往过于简单或急躁，习惯于用禁、堵、防的办法和看管的方法。实践证明有时禁而不止，防不胜防，堵又堵不住，使学生管理工作处于被动、无力状态。特别是当前网络等多种渠道的信息使学生看得多听得多，思想活跃。青少年精力充沛、兴趣广泛、好奇心强，用禁、管等消极限制的办法是不行的，必须因势利导。

广大教育工作者创造了许多行之有效的疏导方法，我们可以借鉴，如有的用论理疏导法，以理疏通思想，晓之以理，提高学生的认识，分清是非，让学生自己改正缺点和错误。用论理疏导法，关键是理的真理性、针对性。有的用比喻疏导法，用类似旧事物，比喻要说明的道理和问题，使受教育者受到启发，茅塞顿开，既生动有趣，又达到了思想政治教育的目的，效果较好。有的用感化疏导法，即动之以情，以情感人。因为学生是有个性有思想感情的个体，有自己的需要、愿望和人格尊严。教师输出什么样的感情，他们便以同样的感情回敬教师。还有的用榜样疏导法，以生动具体的形象进行感知教育，让学生自己去观察、对照、效仿。有的用争辩疏导法，一般是组织辩论会，让学生在争辩中明事理，自己教育自己等。总之，在学生管理中，广大教育工作者创造了丰富的经验，疏导的方法仅是其中一种。

第三节 教师管理的地位和作用

教师是教育事业发展的基础，是提高教育质量的关键。在教育过程中应加强教师工作的薄弱环节，创新教师管理体制机制，以提高师德素养和业务能力为核心，全面加强教师队伍建设，为教育事业改革发展提供有力支撑。

一、教师管理的地位

（一）教师管理是教育管理的重要内容

强教先强师，对教师人才资源的开发历来是教育管理的重要内容，是维持教育正常运转的基本条件。教师管理的内容丰富，主要涉及教师编制、教师专业标准、教师资格和准入制度、教师聘用制度、教师地位待遇等内容。一方面，通过教师管理提高教师地位，维护教师权益，改善教师待遇，使教师成为受人尊重的职业，满足教师的基本需求。另一方面，通过严格规范教师资质，提高培养培训水平，提升教师素质，形成一支师德高尚、业务精湛、结构合理、充满活力的高素质专业化教师队伍。

（二）教师管理是教师队伍建设的制度保障

教师队伍建设是一个系统工程，包括教师的培养培训、准入制度、资格标准、聘用考核、退出机制等方面，要对教师基本情况、需求状况（入学人数、学生学习指导时间、教学负担、入学率等）、教师补充等进行系统分析。

衡量一种职业在社会上的地位，一般以经济待遇、社会权益和职业声望三方面作为评价标准。为了使国家在激烈的国际竞争中不被淘汰，发展教育成了共识，而提高教师的社会地位，吸引高水平的人才从教，也就成了各国的共同任务。这首先表现在大幅度提高教师工资；其次是实行教师资格准入制度，教师职业已经成为一门专业，进入教师行业必须经过严格的训练和选拔。世界范围内教师的社会地位在不断提高。特赖曼1977年回顾分析了53个国家的85项研究。其结论是，教师职业的地位在整个职业范围内是比较高的，教师职业的社会地位明显高于熟练的技术人员和白领职业以及其他社会工作者。

二、教师管理的作用

教师的主要职责是传道授业解惑，而教师管理的作用是维护师德、促进教师专业发展、保持师资结构合理、激发活力。

（一）维护教师高尚师德

学高为师，德高为范。高尚的师德，是对学生最生动、最具体、最深远的教育。师德历来是教师队伍建设的首要问题，历来被各国重视，常常作为评价教师的首要标准，将师德表现与教师的成长和专业发展紧密联系起来。当好教师，没有捷径可走，对工作的无限热情，对学生潜力的无限信任，对每天工作取得进步的强烈渴望，对学生成功的欣赏，工作中富于激情、技巧、紧迫感和对学生的爱，这些都是全世界优秀教师身上表现出的共同特点。

师德为先，体现了教师专业的特殊要求，体现了没有爱就没有教育的理念。2005年，教育部印发了《关于进一步加强和改进师德建设的意见》，提出了师德建设的思路、任务和措施。2008年，教育部和中国教科文卫体工会全国委员会联合修订颁布《中小学教师职业道德规范》，提出"爱国守法、爱岗敬业、关爱学生、教书育人、为人师表、终身学习"六个方面的规范要求和"不得有违背党和国家方针政策的言行；对工作不得敷衍塞责；不讽刺、挖苦、歧视学生，不体罚或变相体罚学生；不以分数作为评价学生的唯一标准；自觉抵制有偿家教，不利用职务之便谋取私利"的禁行性规定。2011年，教育部和中国教科文卫体工会全国委员会联合颁布《高等学校教师职业道德规范》，提出了"爱国守法、敬业爱生、教书育人、严谨治学、服务社会、为人师表"六个方面的规范要求和"不得从事损害国家利益和不利于学生健康成长的言行；不得损害学生和学校的合法权益；不得有影响教育教学工作的兼职；坚决抵制学术失范和学术不端行为；坚决反对滥用学术资源和学术影响；自觉抵制有损教师职业声誉的行为"等规定。

（二）促进教师业务精湛

国家通过颁布教师专业标准，严格执行教师资格和准入制度，推进教师聘用制度，加强教师培训等方式，促进教师专业能力提升。在很多国家，教师年龄老化、收入低下和高水平教师短缺已经成为愈演愈烈的事实，进一步影响合格教师的培养。国家要制定激励政策吸引有能力的潜在教师和离职教师，避免缺少教学能力的人进入教师行列，留住当前在职的优秀教师，淘汰不合格不尽职的教师，为此教育管理部门需要出台一系列增强教师吸引力的政策，需要吸引年轻教师和高素质教师，加强教师培训和认证，通过高质量的培训激励有抱负的教师长期从教，通过教师从业标准,进行更为严格的课程内容、基本能力和相关科目的水平考试,提高教师的公众形象,赋予教师更多的教学自主权。在用人制度、工资水平、薪酬结构、评估体系、教育投资等方面赋予教师更多的自主权。把教学质量与工资收入挂钩,提高教师的工作积极性。

(三)保持教师队伍结构合理

各级各类教育行政机构通过教师编制管理,确定师生比例、班师比例,合理配置教师资源,保持教师在区域、学段、学科等方面的供求关系总体平衡。

教师供需管理涉及五个要素:教师需求量、潜在的教师供应量、教师市场结构、教学力量(教师质量)、教学质量(教学技术和学校环境)。同时,还要考虑教育系统外的工作条件、发展机遇和比较优势以及教师工会的作用,动态调整教师的地位和待遇,保持教师职业的吸引力。

(四)激发教师工作活力

国家通过提高教师待遇、实行绩效评价、提供培训机会和升级晋职等方式,保持教师工作的激情和活力。在我国,建立了统一的中小学教师职务体系,并将最高职务等级提高到正高级教授水平,提出了教育家发展目标。这是通过升级晋升的方式激发教师工作活力的主要表现。2008年年底,国务院常务会议通过《关于义务教育学校实施绩效工资的指导意见》,规定从2009年1月1日起在全国义务教育学校实施绩效工资,确保义务教育学校教师工资平均水平不低于当地公务员平均工资水平,新的工资体系由基本工资和绩效工资两部分构成,而绩效工资又分为基础性绩效工资和奖励性绩效工资。基础性绩效工资突出体现工资的"保健"作用,奖励性绩效工资则重点发挥绩效的"激励"功能。由此可见,绩效工资的实施虽然备受争议,但其初衷仍然是通过实行绩效评价激发教师的工作动力。

三、教师管理的关系

(一)教师管理与管理人员的管理

1. 教师不同于管理人员,应对教师施行柔性管理

卡尔·E.韦克认为,组织中的很多要素之间并不像科层设计那样紧密联系,很多组织内部要素实际上是松散地联系在一起,每一要素都保持自身的独特性,也

存在某些物质或逻辑上的分离，教育组织是松散耦合组织最好的例证。松散耦合即组织的规范结构与行为结构之间的联系是松散的，规则并不总是能够制约行动，某些规则的改变可能并不影响行动，反之亦然。霍伊等人指出，学校中可能至少有两类组织：一类是负有制度与管理职能的科层组织，具有较为紧密的层级关系；另一类是专业组织，负责实际的教与学的技术过程，具有松散耦合的特点。在教师专业领域，柔性管理可以激发教师的自主性和创造性，从而实现自身价值，过多的科层控制会束缚教师的创新精神，因而在专业领域，需要更多地给教师赋权。但在行政事务方面采取更多的制度化管理是必要的，学校脱离规章制度和科层约束是难以想象的。应真正把教师当成"人"而不是"物"来管理。如行政人员把教师当成实现个人政绩的工具，这事实上也是把教师当物看的。因此，教师只是受聘于教育教学工作，而不是他人的财富，学校行政必须根据相关法律条文以及教师聘任合同等要求教师从事其应该做的工作，而不是要求教师"规训化"的服从。

2. 正确处理行政人员的权利与教师的权利之间的关系

学校行政人员作为学校的管理者，自然具备多方面的权利，如教育教学管理权、校务工作综合管理权、人事管理权和校产管理权。以上这些权利可以看作是校长法定的权利，但一个优秀的行政管理人员一定是善于合理运用权利的人。现实中很多行政管理人员只重视手中法定的权利，忽视了其他权利，导致工作开展困难。罗纳德·G. 科温专门研究了学校中的教师冲突，发现在科层取向的学校中，管理者较多使用法定的权利解决问题，教师和管理者的冲突非常多，多达一半的教师冲突都发生在教师和管理者之间。

教师的权利分为两类：一类是法律规定的教师应有的权利；一类是教师作为一个人，作为一个社会公民所应具有的基本权利。按照康德的理解，一个人的权利包括天赋的权利和获得的权利，天赋的权利是每个人根据自然而享有的权利，它不依赖于经验中的一切法律条例，获得的权利是以经验中的法律条例为根据的权利。就此来看，行政权利不是无限的和无边界的，学校行政在行使行政权利的时候，应当尊重教师的权利，尊重教师法定的权利和教师作为一个公民所应具有的权利。

行政权利要着重维护好教师如下两个方面的权利。

①教师的专业自主权。教师劳动和一般工业生产是完全不同的，这需要教师有自己的专业自主权。进行教育教学活动，开展教育教学改革和实验，从事科学研究、学术交流，参加专业的学术团体，在学术活动中充分发表意见等都是教师应有的权

利,也是教师的专业自主权,行政管理人员需要充分尊重教师的专业自主权,不随意干涉教师的教育教学自主权。当然,这不是说学校不能对教师的教育教学进行监督和评价,相反,监督和评价是必要的,但是需要建立在尊重教师专业自主权的基础之上。

②行政权利要维护教师参与学校管理的权利。教师参与学校管理可以通过教代会、工会、支部委员会、教研组等途径,也可以以教师代表的身份直接参与学校管理。参与管理的内容应当是和教师利益密切相关的事项以及有利于发挥教师专业职能的事项,如职称评审、绩效工资改革、学校领导评价、课程设置等。教师参与管理是有限度的,不是每个教师都有很高的积极性参与学校管理,也不是每个教师都善于学校管理,学校行政更不能完全放权于教师。因此,如何把握好教师参与的"度"是学校行政管理人员领导水平的体现。

(二)义务教育教师管理与非义务教育教师管理

世界各国义务教育阶段教师的法律地位大致上可以分为三种性质不同的类型:由政府任命的教师,其法律地位为公务员;由政府雇用的教师,其法律地位为公务雇员;由学校雇用的教师,其法律地位为学校雇员。从世界范围来看,德国、法国、日本等国家都把中小学教师定位为公务员或教育公务员,可强制性地对教师在校际做出调配,通过行政手段达到均衡配置义务教育阶段师资的目标。具有公务员身份的教师往往具有相当高的职业保障,待遇和权益都有较好的保障。在美国、英国、加拿大、澳大利亚等国家,一般都把义务教育教师定位为公务雇员。教师由教育行政部门任用,并与之签订雇用合同。在欧洲,也有部分国家将义务教育阶段的教师直接定位为雇员,由校长雇用,但由政府支付工资。在职业生涯中要流动4~5个学校。而非义务教育教师等同于职员,采取聘任制度。

我国教师的法律地位在不同阶段有不同的表述和规定。中华人民共和国成立以后,教师连同其他事业单位的工作人员与政府部门的工作人员一起,统称为国家干部,在任用、晋升、工资福利、退休、奖惩等方面一直适用国家干部管理的一套政策法规。1993年的《教师法》正式确立了教师新的法律地位,把教师定位为履行教育教学职责的专业人员。从《教师法》的规定来看,我国教师其实属于学校雇员。

事实上,我国有必要建立独立的教育公务员制度或者至少把义务教育教师规定为国家机关工作人员。因为教育是一项公益事业,尤其是义务教育教师的教育活动其实是在执行国家公务，这也是很多国家都把教师纳入公务员系统的重要原因。把教师纳入教育公务员或者国家机关工作人员系统，不仅可以保障教师的合法权益，而且有利于保障教育教学工作的顺利开展和师资的均衡配置。

（三）学校教师管理与社会教育机构教师管理

在现代社会中，学校成为教育的主体，社会教育是学校教育的有益补充。社会教育机构有儿童活动中心、图书馆、电影院、主题公园、青少年宫、科技馆、业余体校、业余艺术学校、夏令营、冬令营以及各种专业辅导机构等。

学校和社会教育机构之间经常性的教师交流是有必要的，也是有益的，可以实现资源共享、互通有无。今天的学校系统已经不再是围墙之内的独立体系，开放性是学校的一大特点。社会教育机构严重缺乏骨干教师，教师队伍不稳定。因此，校外教育机构也经常聘请校内教师，以专门活动的方式学习某些专业知识和专业技能，如舞蹈、器乐、声乐、航模等。也有些专业辅导机构直接聘请学校教师从事学科专业知识培训。社会教育机构在聘请学校教师的同时，也学习学校规范的教师管理制度。另外，学校也经常邀请社会教师作为学校兼职教师或客座教师等。学校教师和社会教师之间交流涉及的管理问题包括：校外教师参与校内教育时其资格条件是否符合要求，校内教师是否为了牟利参与校外教育活动而影响学校正常工作等。

第四节　教师管理现状与教师管理制度创新

一、教师管理现状

（一）教师编制管理

编制管理是教师管理的重要组成部分，对合理配置教师资源、提高教育质量和办学效益意义重大。2001年，国务院办公厅转发中央编办、教育部、财政部《关于制定中小学教职工编制标准的意见》，这是中华人民共和国成立后颁布的第一个权威性的中小学教师编制标准。2009年，中央编办、教育部、财政部印发《关于进一步落实<关于制定中小学教职工编制标准的意见>有关问题的通知》，提出在总量控制和统筹使用的基础上动态调整教职工编制的意见。这些政策取得了明显效果，主要表现为以下几点：

①教师数量总体基本满足教育发展的需要。

②教师性别比例基本适当，但不同阶段和不同区域有较大差别。从教师结构来分析，男女教师数量基本接近。

③在学科结构方面，基础教育各阶段学科教师配置较为合理，但区域之间还有较大差别，农村教师学科结构依然有待优化，农村教师结构性紧缺依然存在。

④从教师质量来看，我国教师素质也在逐年提升。2009年，全国小学、初中、高中教师学历合格率达到了99.40%、98.29%和93.61%。但教师学历情况的城乡差异依然很大。另外，由于我国教师配置具有等级性和偏向性的特点，城市学校多配置重点大学毕业生，而农村地区只能配置地方院校或普通学校毕业生。

（二）教师专业标准

教师专业化是当前我国师范教育改革的核心问题，教师专业标准是决定教师专业发展方向的根本问题。20世纪末，教师专业化成了全球教师教育改革的主要趋势。许多发达国家与地区在法律、经济、政策等方面担当起推进教师专业化责任的同时，也大都重视教师专业标准的制定，意在通过建立教师专业标准加强教师队伍建设、提高教师质量，以指导教师专业化进程向着预期的目标发展。

制定教师专业标准和质量评估标准，对保障教师质量、促进教师管理规范化具有重要意义。2012年，教育部颁布《幼儿园教师专业标准（试行）》《小学教师专业标准（试行）》《中学教师专业标准（试行）》，对教师的专业理念、专业知识和师德等方面进行了详细规定。这是我国第一次颁布教师专业标准，是国家对中、小、幼教师专业素质的基本要求，是教师实施教育教学行为的基本规范，是引领教师专业发展的基本准则。

（三）教师准入管理及入职管理

1. 教师资格制度

教师资格制度是国家保证教师质量的基本制度，也是提高教师职业专业性的重要前提。近100多年来，世界各国纷纷确立了教师资格制度。我国《教师法》提出"国家实行教师资格制度"，并规定了获得教师资格的基本条件、教师资格认定和丧失的原则及申请、认定教师资格的基本程序。1995年颁布《教师资格条例》，同年颁布《教师资格认定的过渡办法》，面向社会对《教师法》颁布以前的在职教师进行资格认证。2001年，教育部印发《教师资格证书管理规定》，教师资格制度得到进一步发展。2009年,教育部颁发《关于进一步做好中小学教师补充工作的通知》,确立了公开招聘、凡进必考的办法。根据《教育规划纲要》精神,2011年,教育部颁发《关于开展中小学和幼儿园教师资格考试改革试点的指导意见》和《中小学教师资格定期注册试行办法》,制定了《中小学和幼儿园教师资格考试标准》及32个考试笔试和3类面试考试大纲,建立了教师定期登记制度,率先在浙江、湖北两省开展试点,逐步形成"国标、省考、县聘、校用"的教师准入制度。

2. 新教师入职

美国学者理查德·英格索尔的研究表明,刚入职一年的新教师最容易流失,流失率达29%,而薄弱学校教师流失率更高,以刚入职一年的教师为例,其流失率高达61.90%。因此,做好新教师的入职安排,落实教师试用期制度,对促进教师的专业发展至关重要。

(1) 新教师入职安排

首先新教师的工作安排要遵循互补的原则,即考虑新教师和团队其他成员在个性特征、能力特点、性别、年龄等方面的不同特点,进行有层次的安排。其次,了解新教师的特点,做到知人善任、用人所长。最后,为了帮助新教师尽快适应其角色,还需要提供一系列的帮助和支持,教育家詹姆斯·科南特为此提出了若干建议。他认为学区董事会应当采取如下建议:限定教学职责;帮助收集教学材料;减少有经验教师的工作量,以便他们能在课堂上与新教师一起工作;把新教师无法应付的问题学生安排给更有经验的教师管教;根据社区、附近环境和学生的特点,开展专门的教学等。

(2) 新教师入职教育

入职教育被认为是稳定教师队伍、促进新教师专业发展的重要举措而受到各国的重视,如日本的"新任教师研修制度"、英国的"新任教师见习期制度"、澳大利亚的"新教师指导计划"、美国的"新教师试用制"等,我国也在推行新教师的见习制度。教师入职教育的主要内容包括:了解学校的基本信息,其他教师相互交流,以让新教师感觉受到欢迎且有安全感;熟悉学校各项规章制度以让其成为团队中的一员;促进新教师教学能力的提升,熟悉各种教学资源的使用,以鼓励其获得优异成绩;了解教师的权利义务,形成从学生到教师的角色转换;熟悉有关社区、学校、员工和学生的基本信息,以适应工作环境等。

3. 教师试用期制度

我国的政策法规对教师的试用期有相应的规定。《教师法》第十三条规定,取得教师资格的人首次任教时应有试用期。《劳动合同法》对试用期的期限进行了较为详细的阐述:劳动合同期限3个月以上不满1年的,试用期不得超过1个月;劳动合同期限1年以上不满3年的,试用期不得超过2个月;3年以上固定期限和无固定期限的劳动合同,试用期不得超过6个月。国办发〔2002〕35号文件《关于在事业单位试行人员聘用制度的意见》,关于试用期的规定对大、中专应届毕业生做出了要求,其试用期可以延长至12个月。因此,按政策规定我国新录用教师如果是大、中专应届毕业生,其试用期应为1年,如果不是应届毕业生,其试用期为6个月。

我国对试用期的规定主要是对试用期时间长短做出了明确的要求,但还没有针对试用期教师的考核制度以及不合格教师的退出制度、从这一点来看,借鉴国外的有益经验是必要的。以美国为例,其公立学校的试用期一般为1~3年,试用期满,学区教育理事会具有是否续约的决定权,如果决定不续约,学区教育理事会有权单方面解除聘约。美国试用期评价方案有两种基本类型:特征评价方案和结果评价方案。在特征评价方案中,根据预先确定的工作特征指标,对教师的工作表现进行等级评定,以确定教师的工作绩效水平。结果评价则是将教师的工作绩效与教师自己制订的、领导同意的工作目标进行对比。试用期教师绩效评价指标主要包含教学指标、专业素质和个性特征三个方面。在确定指标后,把每个指标细化成可操作的三级指标进行量化评分,以确定新教师的绩效表现。最后,通过录用教师的绩效表现决定其去留。因此,我国可以借鉴国外经验,建立试用期教师考核标准,并以此作为其是否适合从事教育工作的依据。

(四)学校教师资源开发

1. 教师需求分析

(1)教师数量和质量需求分析

①教师需求量取决于两个重要参数,一是在校生人数,二是教师编制,即师生比。而在校生人数又取决于各年龄段学龄人口数和各阶段学校学生的入学率。学龄人口预测常见的模型有年龄移算模型、凯菲茨矩阵方程模型、莱斯利矩阵预测模型以及我国学者宋健等人在20世纪80年代初提出的人口发展方程模型等。根据学龄人口数和学生的入学率便可以计算出各阶段学校的在校生人数。在计算出在校生人数以

后，根据教师编制的规定就可以得出教师需求总量，在教师需求总量中减去现有教师数量便可以得出教师需求数量。②教师质量需求分析主要针对学历，但同时也要根据学校自身发展需要，提出骨干教师、优秀教师、学科带头人、权威教师、高职称教师等的要求。

（2）教师结构需求分析

教师结构主要指教师专业结构、知识结构、性别结构、年龄结构、能力结构和职称结构等。①我国各级各类学校实行分科教学，教师的配置按不同的学科专业进行，专业结构即各学科教师构成。②教师的知识结构既包括专业性和教育性的理论知识，又包括教师在教育教学中不断摸索和总结出来的经验性的实践知识等，每个教师的知识结构都是不一样的。③性别结构指教师群体中男性和女性所占的比例。④年龄结构指教师群体中不同年龄段教师所占的比例。⑤能力结构指教师群体中教师一般能力以及特殊能力的构成状况。一般来说，学校要按照课程开设情况配齐各科教师。在知识结构、年龄结构和能力结构方面按照互补的原则进行教师配置，即把不同知识结构和能力结构的教师相互搭配，年龄上老、中、青结合，性别平衡，各种职称比例合理。

2.教师资源开发的途径和考核

①学校内部选拔，如当一个数学教师岗位出现空缺时，其他科目富余的教师可以填补这个空缺，一个后勤人员有时也可能填补教学岗位。但是这种方式可能造成那些平庸的人得以任用而社会优秀人才却被埋没。

②在高校直接选拔应届毕业生,这种方式目前已经成为主要的教师补充途径。

③接受应聘者到本校应聘。

④通过人才市场进行招聘。

⑤通过人事部门组织的考核录用等途径选拔教师。目前，大多数省区实施"国标、省考、县管、校用"制度,严格教师准入资格。

考核一定要遵循公平、合法的程序,最终选拔出能胜任其岗位并且符合学校战略发展的人才。

（五）教师聘任制度

1.教师聘任的法律依据

聘任制是教师管理制度改革的核心内容。2000年，中组部、人事部、教育部印发

《关于深化高等学校人事制度改革的实施意见》；2003年，人事部、教育部印发《关于深化中小学人事制度改革的实施意见》，提出按需设岗、公开招聘、平等竞争、择优聘用的原则，推进定编、定岗、定责，推进人员分类管理，完善岗位等级体系，促进教职工由身份管理向岗位管理、由固定用人向合同用人的转变，为建立与学校分配制度改革衔接、配套的政策体系和岗位绩效工资制度奠定了基础。2008年，山东潍坊、吉林松原、陕西宝鸡三个城市开展中小学教师职称制度改革试点，2011年进一步在全国扩大试点工作。

我国相关法律法规都明确了实行教师聘任制度，并对教师聘任制的有关事项进行了较为详细的规定。《教育法》《教师法》都要求学校和其他教育机构应当实行教师聘任制。《2003—2007年教育振兴行动计划》则提出依照按需设岗、公开招聘、平等竞争、择优聘任、严格考核、合同管理的原则，推行中小学和中等职业学校教职工聘任制度，实行资格准入、竞争上岗、全员聘任，大力推进高校教师聘任制改革。上述规定或要求为我国教师聘任制度奠定了法理和政策依据。

2. 教师聘任合同

2007年新修订的《劳动合同法》规定，劳动合同应当具备以下条款：①用人单位的名称、住所和法定代表人或者主要负责人；②劳动者的姓名、住址和居民身份证或者其他有效身份证件号码；③劳动合同期限；④工作内容和工作地点；⑤工作时间和休息休假；⑥劳动报酬；⑦社会保险；⑧劳动保护、劳动条件和职业危害防护；⑨法律、法规规定应当纳入劳动合同的其他事项。

3. 教师辞聘

辞聘是教师在聘任合同期内提出解除合同的要求。《劳动合同法》第三十七条规定：劳动者提前30日以书面形式通知用人单位，可以解除劳动合同。劳动者在试用期内提前3日通知用人单位，可以解除劳动合同。教师辞聘可以分为三种情形：①如果教师与学校协商达成一致的可以随时解除聘用合同。②按照2002年发布的《关于在事业单位试行人员聘用制度意见的通知》的规定，如果有以下四种情形之一的，教师可以随时解除聘任合同：在试用期内的；考入普通高等院校的；被录用或选调到国家机关工作的；依法服兵役的。③如果教师与学校协商未果，教师应当继续履行职责，6个月后再次提出解约，按照《关于在事业单位试行人员聘用制度意见的通知》的规定，即使学校不同意解聘，教师也可以单方面解除合同。

4. 教师的解聘

《教师法》规定学校解聘教师的法定事由有三项：故意不完成教育教学任务给教育教学工作造成损失的；体罚学生经教育不改的；品行不良、侮辱学生、影响恶劣的。具有以上情况之一者，学校可以解除聘任合同，但必须提前30日以书面形式通知教师。对在试用期内被证明不符合本岗位要求，又不同意单位调整其工作岗位的，学校可以随时单方面解除聘任合同。

（六）教师薪酬管理

在我国教师管理实践中，存在教师激励不足、劳动报酬主要取决于教师资历和岗位等问题。同时，在城乡、不同区域以及同一区域内不同学校之间教师工资的差距较大，不利于教育均衡发展。为改善这种状况，我国实行绩效工资制度。2008年，人力资源和社会保障部、财政部、教育部联合下发《关于义务教育阶段学校实施绩效工资的指导意见》（简称《意见》）指出，从2009年1月1日起实施绩效工资。实行绩效工资制度，一方面建立教师激励机制，促进教师专业发展，调动广大教师的工作热情，激励广大教师把聪明才智投入教育教学中，为学生提供更高质量的教育服务。同时，实施绩效工资向农村教师倾斜的政策导向，吸引优秀人才在农村从教。政策同时规定，学校以往发放的津贴补贴在统一规范的基础之上纳入绩效工资，所需经费全额纳入财政保障，学校各种非税收入一律按照国家规定上缴同级财政，严格实行"收支两条线"管理，以缩小重点学校和薄弱学校之间教师的收入差距。

（七）教师健康现状

教师健康状况是深受各界关注的一件事，党和政府对教师健康也给予关怀。但我国教师健康状况却不容乐观。最近一项调查采集了4305名中小学教师的样本进行分析，检测出有高脂血症的占18.05%，有脂肪肝的占17.79%，有高血压的占15.26%，有胆管疾病的占13.96%，有高血糖的占11.94%，有肥胖症的占9.92%，有颈椎病的占8.25%，有高尿酸血症的占7.64%，而另一项针对女教师健康的调查同样表明教师身体状况需要引起高度重视。从1046名女教师体检情况来看，患乳腺增生的有528人，占体检人数的50.48%，月经失调的有236人，占体检人数的22.56%，高血压153人，占体检人数的14.63%。

除身体健康问题外，教师心理健康问题同样不能忽视。最近，有学者针对某省教师心理健康进行了调查分析，发现34.9%的教师存在轻度心理问题，12.4%的教师存在中度心理问题，2.2%的教师存在严重的心理障碍。其实，身体健康和心理健康是相互影响的，心理上的问题常常导致生理出现疾病，教师过度焦虑、忧愁、烦恼、抑郁、愤怒，都会导致生理上的异常或病变。身体的疾病也常常导致心理的不健全，使其产生焦虑、忧愁、烦恼、抑郁等不良情绪，从而影响其情感、意志、性格乃至人际关系和谐。我国教师身心健康问题应当引起社会、政府以及各级教育管理部门的重视。

二、教师管理制度创新

（一）创新学校管理，以教师为本，促进可持续发展

学校管理者的素质决定着学校发展的结果，而学校管理者——校长的管理能力是学校发展的动力，影响着学校的发展。以教师为本的管理，要重视调动教师的积极性。现代社会随着人类文明的发展，人的权利受到前所未有的重视。"以人为本"的理念使管理呈现出"服务"的价值观。学校最根本的构成就是学生和教师，是以人为基础的教育服务机构。学校的一切发展都要以人为本，促进学校的可持续发展，所以当今学校管理追求"管理即服务"的现代宗旨。针对学校，教师资源的丰富和管理是学校管理中的重中之重。

学校管理的出发点和归宿是要始终定位于人的和谐发展，始终把人放在管理的中心位置。在学校管理中要尽可能关注人的身心健康成长，要追求人文关怀，不搞专制，允许有不同声音。学校要重视在领导和员工、教师和学生、学校和家庭之间架设心灵的桥梁，加强沟通，促进理解。学校管理者在对教师实施制度化管理的同时，要坚持人性化管理，强调人情化关爱。注重营造教职员工之间志同道合、彼此尊重、相互信任、团结协作、宽松温馨的工作氛围；努力形成平等、和谐、富有人情味的人际关系，真正做到全校上下政令畅通、部门之间团结协助。只有在这种和谐的氛围下，学校的各种管理制度才会更好地实施，和谐校园的构建才能得到落实，共同发展的希望才有可能。

部分学校师资力量还有待提高，所以在现在教师资源有限的情况下，人性化管理就显得尤为重要。因此，教师的管理更需要体现以人为本的管理理念，以提高教师工作积极性，提高办学质量。在教师参与层面，教师发展是推动学校发展、实现育人目标的主要动力，学校领导集体的核心任务是为教师的发展搭台铺路。作为校长，就应该要引领

团队致力于建构以教师发展为本的服务机制,以促进学校持续发展为根本。在教育改革的背景下,改革中常会有从上而下、过多过快的现象产生,使得教师只能被动接受。

为此,要从以下几方面着手:第一,学校管理中,可结合学校的实际,通过主体性的教育实践,使学生成为主体性的学习者,使教师成为主体性的自我劳动价值的创造者。实现这一转换,除了在理性上提升教师和学生的自我认识之外,在操作上还可明晰"为谁而学,为谁而干"。只有这样,才能进一步推动教学参与者的自我超越,实现人的自我价值新创造。第二,可创造教师自我发展的专业氛围。首先要构建和谐的学校文化,促进社会关系正常化。其次,领导与教工是事业伙伴的关系;教师与教师是合作搭档、朋友;教师与学生家长是"君子之交淡如水"的关系;教师与学生的关系是人格平等、同窗学友的关系。最后,学校可通过坚持民主与尊重,改变评价方式、减轻心理负担等人本化管理策略,引导教师积极参与校本管理。第三,以教师个人的专业成长来突出学校的办学形象,体现教师个性化。学校管理要认识到"大师者,精深于学问之本体者也"的思想,给教师提供专业发展的空间和帮助。

(二)创新学校教师管理机制,建设自由团结的学校组织

现代学校只有站在新起点,谋求新发展,解放思想、创新机制,推行大部制改革,才能使运行机制更顺畅、团队凝聚力更强、工作作风更务实,才能建设出具有独特文化特色的校园。在教师管理机制中严格控制教学质量的同时应建立教师的学校主人公意识。

在要求教师教学质量的管理中:第一,建立科学有效的教师管理考核指标体系和考核办法,进行全面、全员、全程管理。创新常规管理方法,利用课余充足的时间对教师工作进行总结、批评和奖励并进行教师专业提高学习。强化过程管理,将过程督导与结果评比相结合。

第二,加强教师平时任教水平及任教态度的监管。可将期中抽查与期末统考相结合。促进教育可持续发展,将深入关注学生成绩与关注教师业务素质提高相结合。

第三,加强教学常规管理,全面提高教学质量。要求教师的教学达到理念要"新"、备课要"深"、授课要"实"、教法要"活"、活动要"勤"、作业要"精"、要求要"严"、辅导要"细"、负担要"轻"、质量要"高"的目标,并在教学研讨中进行改进和深化,将教学管理的重心指向课堂,加大课堂巡查力度。落实常规教学,使常规教

学管理实现制度化、经常化，可多进行互相听课、评课的教学取经活动，使教师的教学水平在互相学习和改进中集体提升到新的高度。

第四，加强从教行为的规范管理，对教师讲台上的仪表、仪态以及考试、阅卷工作严格要求，使其操作规范。在建立教师学校主人公意识中，可建立激励机制。以人为本重视教师地位，开展教师之间评比，促使每个教师都专心于教学工作。同时让教师参与到管理中，参与决策，并在一定程度上采用教师建议，使教师心理产生满足感，从而积极地为学校建设做出贡献。

另外，部分学校现在需要解决的是师资问题，学校教师中老年教师偏多，青年教师较少，虽然近两年新教师逐渐分配进老教师队伍中，但仍不足以弥补师资空缺，而使得教师年龄断层。所以为了将学校教学质量提高，在教师的管理中就需要采取依靠老教师鼓励新教师的原则，使所有教师都能全身心地投入学校的建设中。因此对教师的管理和激励就是学校管理的重点，而首要任务就是对这些教师进行人性化管理，稳定老教师的同时激励新教师。

在学校管理上注重细节、形成特色，坚持"以人为本"、人文与制度相结合的现代管理理念。同时，结合校情进一步完善管理制度，适当地将老教师纳入管理层中，激励老教师全身心地投入教学工作和管理辅助工作中，同时为青年教师提供锻炼的平台，提高教师的实践创新能力。以"专业引领，名师点拨，同伴互助，自我反思，共同成长"为策略，对青年教师进行教育理论、教学技能、教学研究的"传、帮、带、导"，促使青年教师专业成长。在教学质量的保证上，狠抓教学常规管理，以强化过程管理为手段，提高教学质量。以提高教学质量为突破口，实施素质教育。以素质教育为支撑点，实现教育均衡发展。

第六章　基于创新教育理念下高校教育管理

第一节　柔性管理理念下高校学生管理

高校职业教育的普及化在推动教育事业发展的同时，也为高校学生管理模式带来了一定的问题。本节笔者在柔性管理理念下，开展对高校学生管理方法的研究，主要针对存在的问题阐述四个方面的观点：一是引入"三位一体"学生管理理念，以学生个性化发展为管理的主线方向，协助高校学生健康成长；二是建立学生个体差异引导机制，培养学生的创新性思维，提升高校学生管理工作的效率；三是搭建学生与高校之间的交流平台，为学生与高校管理者提供交流渠道；四是应用多种形式，做好学生心理辅导工作，完成管理方法的创新研究。

一、柔性管理理念在高校学生管理中的应用

柔性管理理念是现代化教育中新兴的学生管理方法之一，该方法针对学生心理及生理两方面的特性，以尊重学生的个性化发展为前提，对学生的思想建设加以补充，起到提高学生群体之间凝聚力的作用。区别于其他强制性学生管理方法，柔性管理理念可以提升学校管理的说服力，让学生自愿听从学校的安排。学校进行学生管理的主要内容包括：学生的心理健康建设，以学生的自主理念为中心，将家庭、高校等外部对学生的期待转换成学生自身前进的动力。为此，对柔性管理理念进行研究，具有极强的现实意义。

柔性管理方式具有多样性的特点，其主要针对的学生群体为具有自主独立思想的"90后"学生，在管理中使用谈话、感化、关怀等方式，让学生切实感受到教师对学生的关爱与包容。

柔性管理理论虽然在一定程度上推动了高校学生的进步，但因为社会环境的快速变迁，仍存在一些问题有待解决，主要表现如下：

1.柔性管理理念与高校传统的教学观念不匹配，在管理学生的过程中，为了提高教学活动的效率，通常根据教学大纲的规定而采用知识点灌输式的管理方式，无法

真正做到以学生为本。

2. 学生之间个体差异过大,教师无法根据教学情况判断学生的实际情况,进而无法掌握学生发展与社会进步之间的矛盾。

3. 调查数据显示,部分学生在校学习期间,向教师反馈的问题未得到解决。

4. 由于学习压力过大且管理方式存在问题,学生极易出现心理方面的问题。

二、柔性管理理念下高校学生管理方法的创新研究

结合高校学生管理事业的发展现状,在柔性管理理念下,从四个方面开展高校学生管理方法创新的研究。

(一)引入"三位一体"学生管理理念

为学生营造良好的学习氛围,是高校管理学生的根本。柔性管理理念要求高校在实施学生有序管理的同时,以学生的个性化发展为主线,强调以学生为本,坚持自身发展的主体思想,随时关注学生所提的要求,将高校教育、校园服务及管理三者融合。提高教师对学生的了解程度,让"三位一体"学生管理理念深入管理者内心。

"三位一体"学生管理理念要求教师及管理者在管理学生的过程中,降低自身的感情倾向,拉近与学生之间的距离,营造师生之间良好的交流氛围,转换师生之间的关系。教师在学生管理中要起到一定的引导作用,能根据学生的实际需求,为学生提供帮助,以达到有效管理学生的最终目标。柔性管理理念不仅要求管理者起到为人师表的作用,同时要求管理者担负起一定的管理责任。要求管理者整合信息技术在高校管理中的应用,将被动转换成主动,处理好学生学习与实践之间的关系,有利于帮助学生实现由学校到社会与岗位的无缝接轨,提升学生的服务能力,提高学生与岗位的契合程度,推动教育事业的发展。

(二)建立学生个体差异引导机制

创新管理方法要侧重于关注学生之间的个性差异,将学生管理的侧重点落实到教育工作中,对经济困难的学生给予一定的关心;同时完善学生差异引导机制,定期开展学生谈话,了解学生的实时动态,做好学生的思想政治引导工作,保障学生在良好的环境下成长。在学生发展多元化原则下,实施分区学生管理制度,确保学生受到公平对待。完善管理者的顶层结构,按照校园团委、党委建设模式,搭建校园学生培养机制,完善班级干部聘选流程与学生互评机制,采用过程评价方式代替结果评

价方式，有助于学生的全方面发展。培养学生的创新性思维。要以健全学生人格为管理的主要方向，关注学生在个性化发展中存在的问题，将存在的问题进行合理化分区，划分高校管理目标、学生自身管理目标，根据目标划分结果，采用不同方式对学生实施多元化的管理，进而起到强化关注学生个体差异的作用，促进教育事业综合管理目标的实现。

（三）搭建学生与高校的交流平台

柔性管理理念，主要是指在满足学生个性化发展的前提下，对学生群体实施规范化的管理。由于传统的学生管理方法未解决学生对高校提出反馈意见得不到处理的问题，笔者将采用搭建学生与高校交流平台的方式解决这一问题。一方面要采用定期开展班会的方式，促进学生与教师之间的交流，有助于教师实时了解学生的发展动向，在管理者的管理基础上，采用开展多样式班会活动的方式，传播校园管理文化；另一方面要利用高校官网或校园微信公众号，搭建学生与高校管理者直接交流的渠道，学生经过一段时间的管理后，对管理中存在的问题，可向管理者提出疑问，同时可以使用发送电子邮件的方式将问题传送到校园网站中，高校在网站上配备管理教师24小时向学生提供帮助，为学生解答疑问。

（四）管理部门及时做好学生心理疏导工作

基于当下教育事业的快速发展，学生的心理健康问题成为高校学生管理的重点。大学生作为现代化社会发展过程中较为特殊的一类群体，高校管理部门不但要从学生自身出发，关注他们发展的特征问题，而且要对学生在校学习期间产生的一系列社会行为实施综合评估、分析学生是否适应当下教学环境、自身与专业发展是否存在冲突、是否可以妥善处理人际关系、是否存在就业压力等等。高校管理部门应联合心理健康专业辅导教师，通过开展心理健康课程，提高学生的心理抗压能力，优化学生的心理素质，有利于开发学生的潜能，提高学生的外界环境适应能力。与此同时，要开展以"大学生心理健康"为中心思想的专题教育，实时掌握学生的心理发展动向，对学生开展有针对性的心理治疗，全方面普及心理健康教育。另外，学校应定期在校发放大学生心理健康调查问卷，使用问卷调查的方式，筛选出心理出现异常的学生，利用课下或休息时间邀请学生到高校心理健康辅导室，对学生实施进一步诊断。由专业的心理健康医师与学生详谈，根据学生的实际学习情况，判断学生心理健康异常的类型，并及时采取有效措施为学生树立正确的发展观，促进管理目标的实现。

由于高校育人模式不同，其校园管理的方式也有所不同。笔者基于柔性管理理念，进行高校学生管理方法研究。虽然研究在笔者所在学校学生管理工作中已经取得了一定的成绩，但是目前高校学生管理的有效方法尚在完善之中。在后期研究中，笔者认为仍需要以学生的个性化需求为管理主线，建立好学生档案资源库，对于出现问题苗头的学生可及时抽调档案，给予教育管理，在引导发挥学生"自主教育"的同时，促进教育管理工作的不断革新。

第二节 高校教育宏观管理体制的创新

经济时代迅速发展，国家、社会对教育的重视程度也更加明显。教育体制改革深入发展，国家也注重建立结构完整的人才培养机制，并倡导素质教育和"以人为本"的教育理念。高校教育管理不是故步自封的，更不是一成不变的，它需要注入新鲜的血液，不断创新发展，相互贯通，这样才能适应社会发展潮流，满足社会需要，为高校教育体制的完善和变革开创新天地。

教育是人类社会生产继承和发展的关键环节，从广义上来说，教育就是一种有目的地培养人、影响人的社会实践活动。到了经济社会，教育的社会性价值更加明显了，它与市场的需求走向也息息相关。高校教育作为教育管理中的重点，其发展方向、效益高低、需求状况都与市场变动紧密相连。信息技术的发展，经济社会的到来，科技的日益更新，要求我国高校教育需要紧跟时代步伐，不断进行教育体制的创新与变革，从教学制度的科学化到教学内容的创设创新性都要具备时代性，符合社会性需要。对此，我们应当端正态度，坚持正确的教育管理观念，大力倡导创新型新思维、新思路的提出，勇于探索、善于发现，加大教育改革力度并落到实处，这样从理论到具体实践都能有一个正确的思路指导，让我国高校教育管理体制能够充满活力。

一、创新对高校教育的意义

在我国当今社会建设发展的关键期，要十分重视对教育和科学文化事业的支持与引导。从教育制度的深入变革，到教育资源的优化配置、有效组合，再到大力倡导素质教育，提高受教育者的知识文化水平、自我发展意识、创新能力水平……诸多方面的要求需要有条不紊地全面推进,才能培养出高精尖的全面型、创新型、素质型人才。由此可见,高校教育人员作为创新的主要力量,从21世纪开始就承担着沉重的责任,扮演着十分重要的角色,肩负着全国人民的希望。任何决策与变革都是根据我国社会主义市场经济体制决定的,教育的改革与创新同样要在这样的前提下进行,调整教育管理结构,优化教育资源配置,根据教育发展规律建立一套既符合社会发展规律与教育规律又符合中国国情的创新型教育管理体系。首先,要符合社会主义市场经济体制的运行规律;其次,要进行体制创新与发展,注意适当合理调整结构布局,教育领域的创新属于非技术创新;最后,高校教育的主要目的是通过教育管理培养社会型人才,管理的主要对象及方式方法都具有很强的学术性特点,教育研究性价值也很高,同时管理也具有行政和服务性质。想要将教育管理的创新做到全方面、多层次,就要看到教育的特殊性地位,深刻认识到创新对高校教育管理的积极作用,恰当把握创新教育管理的方式,使得高校教育在不断变革更新与发展的过程中更适应社会发展需要,紧跟时代变革的脚步。

二、高校教育宏观管理体制的创新

在社会主义初级阶段,中央集权,地方受中央的指挥,在这种高度集中的管理模式下,高校管理的宏观决策权受中央政策的主导,这使得高校管理没有自主决策权,整个管理程序更是受政府政策的制约与指挥,不仅使学校的各种行为政策不能有效实施,更加束缚了高校自我创新管理形式与内部管理内容的积极性。但在新形势下,只有及时改变传统管理模式中的诸多弊端,才能将高校教育引入一个健康发展的轨道。第一,在社会主义初级阶段,在保证中央集权的前提下,政府要适当放权,给予高校充足的内部管理空间。具体来说,就是在高校教育的宏观发展方向上,社会需要及整体规划布局等方面由政府主导,而学校内部的管理决策,诸如人才培养方向、招生办学方向、教职工管理规定、人事调动等方面,学校应有足够的空间和一定的指挥决策权。也就是说,政府在加强对学校的方向性指导及宏观管理来为高校提供法律依据的同时又应下放权利,让高校成为自主管理、决策的主体,能根据高校自身的发展特点与社会、市场需要进行相关的资源配置。第二,要处理好中央和地方的关系,中央要把握全局,更要简政放权,让地方政府能够根据地方状况,加强政府职能的转变,使地方政府能够根据本地区的需要,对高校进行管理规划,再由高校进行课程设置与管理模式的调整,使中央、地方、高校的工作能够有序进行、有效开展。第三，教育资源的优化配置要在市场经济条件下，遵循基本价值规律，并有计划地调节掌控，以使教育资源得到最大限度的利用。在市场的调节下，供需状况、价格、人才、竞争机制，都是高校需要考虑的管理内容，需要学校将人才、资金、技术等方面融合到一起，根据市场需要，充分利用；高校教育的管理需要融入市场管理机制，也需要政府部门的政策支持与法律保护，有些高校有着很好的教育战略与学科建设策略，可是受人力、财力或者政策的制约，不能充分开展教育活动，这就要依靠政府提供政策与经费上的支持。第四，对于高校的办学体制，要根据我国基本经济制度来建立，一般以政府出资建设为主，再加上社会各界人士、团体的融资加以辅助，并给予民间投资教育一定的政策倾斜、资金支持或者福利性待遇等，激发社会各界对高校教育的大力支持，使我国的高校教育能够在政府及社会人士的共同支持下加快发展，满足国家社会需要。就目前来看，国内已经具备很多类型的民办高校，并走上国家管理规定的正轨，具有详尽具体的招生计划，通过不断创新改革已经具备自己的发展风格和特色，培养了一批又一批的社会创新人才，引起社会的广泛关注，成为分析与研究的典例。

第三节　新公共管理视角下民办高校教育

对新公共管理视角民办高校教育进行分析，可以认识到民办高校教育中存在的限制性问题，总结高校教育中的创新策略，核心目的是在教育体系完善中进行管理方法的完善，提升民办高校教育的教学效率，促进教育管理目标的稳定发展。

在教育体系改革的过程中，高等院校中的学生管理工作成为院校关注的焦点内容，通过对学生事务管理及服务理念的分析，可以逐渐提高学生的学习能力、动手能力以及创新能力，展现团队合作竞争力，实现对学生综合素养的培养，为现代教育体系的改革提供支持。通过新公共管理教育体系的融入，可以解决社会经济发展中的限制性因素，解决教育中存在的限制性问题。所以，民办高校在发展中通过新公共管理理念的融入，可以将政府及公共事业的管理工作作为重点，展现现代经济学及工商管理理论的价值性，促进现代管理工作的稳定创新。民办高校在对学生进行管理的过程中，通过对公共管理理念的构建，可以提高对人才培养的认识，通过公平、公正服务理念的创设，进行民办高校管理工作的改革，展现新公共教育背景下学生管理工作的价值，为教育院校管理工作项目创新、管理方法以及创新学生事务工作的构建提供支持,满足现代民办高校的发展需求。

一、新公共管理的基本思路

对现代化公共管理工作的研究分析发现,在教育体系改革的过程中,通过新公共思维的运用,可以逐渐改变以往的行政管理方案,满足现代教育体系的创新需求。研究还发现,在传统高校教育管理工作的构建中,过分强调等级原则,并通过计划及直接控制,强调民办高校的管理职能,导致学生对高校失去信任,从而降低民办高校管理工作的有效执行率。通常状况下,在新公共管理工作分析中,基本的思想方法包括:第一,构建专业化的管理理念。通过民办高校新公共专业管理理念的确定,可以实现对教育体系的稳定改革,并保障管理工作的有效性,为现代教育体系的转变提供支持。同时,在民办高校管理技能优化中,通过管理职能的确定,可以实现不同组织及各个部门之间的稳定协调,展现公共管理方案构建的核心价值。第二,明确绩效评价机制。在新公共管理体系创设中,应该通过组织管理及变革理念的创设,进行绩效评估方法的完善,并通过对工作绩效评价目标的创设,进行测定指标的创设,明确绩效评价工作的价值,满足现代工作体系的稳定创新。第三,重视产出项目的规划控制。在新公共管理体系整合及创新的过程中、院校产出及结果确定中,应该强调管理工作的价值,并通过公共服务及绩效评价结果的构建,明确项目预算整合价值,展现教育管理工作的整体价值。第四,在新公共教育背景下,注重强调竞争意识。院校在新公共管理体系下,应该创建良好的竞争机制,在竞争创新中,应该将教育管理作为重点,缩小院校的管理开支及成本,促进现代教育体系的良好发展。

二、民办高校教育中存在的限制性问题

(一)高度集权管理中的行政管理

伴随着民办高校教育体系的管理创新,其行政管理理念得到了稳定的发展,但是,在高校教育体系的背景下,其作为高度集权的行政管理模式,通过管理方法的明确,可以充分满足现代教育的基本需求,并展现行政管理工作的基本价值。在高校招生管理及培训体系整合中,并没有发生明确变化,在教育组织及教育管理中,存在着教育模式的限制性问题,导致高校教学模式单一,组织体系缺少专业化的行政管理机制,限制院校管理工作的稳定创新。

（二）高校教育中政府角色的多样化

在我国高等院校管理体系确定中，主要将政府、管理者以及办学者作为主体，通过对民办高校管理方法的严格性构建，实现行政管理、直接干预工作的创设。在政府职能发挥的过程中，应该通过多元角色的构建，提高院校管理工作的核心竞争力，但是，在多元角度的引导下，政府的多元化角色会直接影响院校工作的主动性，降低工作执行的基本效率，导致政府部门的负担加重，同时为民办高校自主管理工作的创新带来限制。

（三）市场机制作用职能较小

在市场机制运行的背景下，我国高校教育的规模逐渐扩大，院校的管理者主体也呈现多元化的发展。民办高校运行中需要多渠道的经费支出，针对这种现状构建了民办高校教育中的调节机制，但是，在市场机制运行的背景下，高校教育的人才培养并没有满足市场的发展需求，导致专业人才相对匮乏，限制了人才培养的价值性。因此，在市场机制的确定中，应该通过管理职能的有效确定，进行教育体系的改革，并满足民办高校管理工作的创新需求。

三、新公共管理视角下民办高校教育创新策略

（一）明确科学发展观念，创设教育创新策略

在新公共管理视角下，民办高校为了改变以往的高校教育理念，应该积极贯彻科学发展观念，并针对民办高校教育发展状况进行教育策略的创新，在教育体系管理优化中应该做到：第一，强调"以人为本"。在新公共管理视角下，为了实现科学发展的观念，应该将"以人为本"作为核心，即在教学管理中尊重学生、教师的主体性，将管理工作作为重点，充分展现管理工作的价值，并将教育事业的指导作为核心，强调"以人为本"及以学生为基础的教育目标，注重学生的综合发展，促进学生的稳定成长。第二，明确全面协调的管理机制。在科学管理的背景下，应该通过对社会政治、文化、生态内容的分析，明确企业的整体发展，并通过统一协调及有效规划，进行教育体系的改革创新，积极引导高校教育事业的创新，促进民办高校管理方案的稳定创新。在民办教育机构中，为了实现院校的全面发展，应该在强调院校硬件建设的基础上，提高院校的软件建设，从而实现对民办高校学生的综合性培养。在全面发展的背景下，可以逐渐提高民办高校教育的整体水平，并积极推动民办教育评判

及检验的创新,协调教育发展,展现新公共视角下教育管理的核心价值。第三,促进民办高校教学管理中的可持续性。在教育体系改革的背景下,民办高校为了充分展现新公共教育内容的价值,应该将可持续发展观念作为重点,坚持科学发展理念,通过对民办高校管理创新,促进管理工作的稳定构建。

(二)完善政府服务理念,展现民办教育特点

在经济体系改革的背景下,政府作为市场经济发展中的主体,可以为教育事业提供服务。在社会资源分配背景下,知识、学历逐渐成为涉及人们生存的主要问题,对于一个接受良好教育并获得学习机会的人而言,通过探索可以展现自身的地位,展现自身的社会价值。通过对新公共管理理念的分析,在民办高校发展中,政府部门应该创造宏观经济,保障经济体系的稳定性,积极促进教育及基础建设的发展,避免不平等现象的发生。特别是在教育体系的背景下,政府部门更应该针对民办高校的办学状况,进行教育创新,结合民办高校的个性化,进行教育服务的改革,以充分保障教育工作事业自由兼具,提高民办高校发展的核心竞争力。

(三)强调社会舆论,加强民办高校工作创新

伴随着新公共管理理念的创新,民办高校应该认识到传播媒介信息的多元化。在社会大众接受舆论分析中,舆论内容存在着盲目性的特点,主要是由信息爆炸时代及信息以假乱真导致的。民办高校在这种背景下,若遭到媒体及舆论的传播,会面临较大的损失。在法律监督及社会团体工作引导中,政府部门需要积极发挥职能,通过对社会监督工作的整合,进行民办高校管理方法的创新,通常情况下,在社会舆论强调中应该做到:第一,民办高校应该积极主动地接受媒体及社会群众的访问,正面回答问题,勇于接受社会的监督。通过对民办高校形象、事迹的主动宣传,可以提高群众的信息接收能力,通过积极强调工作的正确性,引导舆论,形成自我推介的发展模式。由于新闻舆论及群众舆论作为监督民办高校的双刃剑,民办高校应该在信息化的时代背景下,提高对相关内容的认识,保证民办高校运行的稳定性。第二,在舆论监督的背景下,需要借助社会组织、社会机构等,进行民办高校工作的整合。例如,通过与银行、担保机构以及相关企业的合作,实现对民办高校的监督,在社会监督工作中,也可以通过与社区组织、教育联合以及学生联合等,进行社会公益事业、社会进步事业的组织,满足民办教育的发展及协调机制,发挥社会中的监督引导职能,改变民办高校的传统发展理念,及时更新观念,充分发挥社会监督职能。

通过多种公共管理资源的运用,可以逐渐提高民办高校教育管理创新的价值,展现民办高校管理工作创新的核心竞争力,为民办高校的稳定发展提供支持。

在现阶段民办高校管理体系革新中,为了实现新公共管理理念的引导,应该强调管理工作的创新价值,展现教育工作的价值性,促进教育体系的稳定创新。同时,民办高校应该认识到教育中存在的限制性问题,结合新公共管理理念进行教育改革,通常情况下,应该通过科学发展理念、政府引导以及舆论引导等,进行教育体系的改革,展现新公共管理工作的价值,促进教育体系的稳定革新。

第四节 新时代创新高校教育精细化管理

中国高校教育每年输出的人才数量呈现出较大规模的增长,但人才的方向、优秀人才的数量等与真正的需求之间存在着明显的结构性矛盾,直接影响到高校教育人才供给职能的高效实现。基于此,有必要对新时代高校教育的精细化管理问题进行有针对性的深入研究。高校教育向普及化和纵深化方向发展、面临的主要矛盾发生变化、逐步迈向世界一流,这是新时代高校教育管理工作所出现的新特点。当前,高校教育精细化管理工作中存在缺乏科学且有效的执行标准、协同性较差和缺乏有效的保障性措施等问题。在新时代背景下,创新高校教育精细化管理工作的策略是:建立和完善高校教育精细化管理体系、加强协同机制建设、建立和完善保障体系。

随着中国特色社会主义进入新的发展时代,高校教育所处的发展环境、面向的发展对象等都发生了一定的变化。从高校教育发展的实际情况来看,高校教育在人才培养的数量方面有了明显的提升,全国高校毕业生的数量从2001年的114万人增长到了2017年的795万人;从高校教育人才培养的质量方面来看,高校教育对社会发展人才需求的敏感度和适应度正在不断提升,能够紧跟社会发展的需求来进行人才培养的自我调整与完善。但需要看到的是,目前高校教育在一些高科技、高素质人才供给方面仍然存在较大的缺口,一些热门领域的人才需求很难得到有效满足。因此,高校教育内涵式的发展需要着眼于教育的精细化管理方面,通过对教育目标和教育过程的精细化管理来提升高校教育发展的质量。

一、新时代高校教育管理工作的新特点

习近平总书记在党的十九大上明确了中国特色社会主义建设进入新时代的论

断,这标志着中国社会主义建设事业已经逐步迈入新的阶段,各项事业的发展也面临着诸多新形势和新问题。对于新时代的高校教育管理工作来说,其所表现出来的新特点主要有以下三方面。

(一)高校教育所面临的主要矛盾发生变化

主要矛盾是制约高校教育良性发展的关键,也是衡量高校教育发展情况的重要参考指标。随着我国社会主要矛盾转化为人民日益增长的美好生活需要和不平衡不充分的发展之间的矛盾,高校教育管理工作所面临和需要解决的主要矛盾也逐步向人民日益增长的对公平优质高校教育的需求与其发展不均衡不充分之间的矛盾。随着中国在校大学生规模的不断扩大及高校教育所面向对象的多样化,如何通过高校教育的改革和完善来有效解决人民群众对教育优质化、公平化和科技化发展,是当前高校教育发展所需要重点解决的问题,也是影响高校教育在提升人民群众教育方面的成就感和幸福感的重要因素。同时,人才的专业化和素质化发展也使得传统的较为单一的教育模式的滞后性愈加突出,在这种情况下,高校教育所面临的问题和矛盾更加突出。

(二)高校教育向普及化和纵深化方向发展

改革开放尤其是进入21世纪以来,中国高校教育得到了快速的发展。通过2016年教育部高校教育评估中心发布的《中国高校教育质量报告》中所披露的相关数据可以看出,无论是从在学总规模的绝对量还是高校教育毛入学率的相对量方面来看,中国高校教育的发展情况是迅速的,高校教育逐渐由大众化向普及化方向发展,高校教育的入学门槛和教育质量都得到了一定的改善,高校教育的普及率得到了大幅提升。

除了普及化的发展以外,近年来的高校教育在专业化、技能化人才培养的质量与数量方面也得到了快速的提升,为中国特色社会主义建设事业的顺利开展提供了大批优秀的人才支撑,助推互联网、大数据和人工智能等产业的专业化和纵深化发展。

(三)高校教育逐步迈向世界一流

高校教育作为国家教育事业发展的实力展示内容之一,是衡量一个国家综合实力发展情况的关键指标。为了提升高校教育的发展质量和水平,近年来党和国家逐步提出和完善了世界一流大学建设的目标和指导方针,从硬件和软件两个方面加大对高校教育一流化发展的支持。例如,在2010年到2014年的5年时间中,全国高校的固定资产总值增加了42.15%,其中教学和科研仪器设备资产总值增加了57%,一些"985"院校的硬件设施已经达到世界一流水平。同时,国家通过构建优质的高校教育质量保障体系来指导高校自身的内部质量建设,逐步发展成为专业化与多样化相结合的高校教育办学模式,为国家社会经济的发展提供了大批优秀的人才。

高质量的发展模式和优渥的发展土壤不仅培养了具有中国特色的社会主义发展人才,而且吸引了越来越多的国外高精尖人才的加入,提高了国家高校教育发展的质量和水平,提升了高校教育的开放性。当然,一流的高校教育不仅仅局限在高水平的技术和能力方面,还需要注重人才内在文化素养和人文精神的打造,打造具有大国气质的工匠精神,这也是新时代高校教育发展和管理工作中的一个突出点。

二、制约高校教育精细化管理的问题

通过上述对新时代高校教育及其管理工作所出现的新特点的分析可以发现,当前的高校教育在培养实力和培养对象方面都发生了明显的变化,高校教育在国家和社会发展中的重要性日益凸显。正是基于高校教育快速、稳定及优质发展的需要,高校教育精细化管理的课题逐渐转变为研究和实践的重点。高校教育精细化管理发展思路自提出以来得到了普遍的认同和接受,在各高校的日常管理与发展工作中发挥了极大的作用。然而就当前中国高校教育精细化管理工作的实际开展情况和成效来看,仍然存在诸多制约管理效果提升的因素,这也是新时代创新高校教育精细化管理工作所面临的重大调整。

(一)高校教育精细化管理缺乏科学、有效的执行标准

就当前高校教育管理工作的实际开展情况来看,虽然教育主管部门和高等院校管理者普遍认识到精细化管理对高校教育工作发展的重要性和必要性,并通过各种精细化管理的文件、政策和制度来加以细化,但是这些精细化管理的思路和方法在基层和一线执行的过程中由于思想层面的重视度和认可度的偏差,以及缺乏明确的执行标准而导致工作落实效果弱化。目前,中国多数地方性的高等院校往往将日常管理工作的重心放在办学规模和硬件设施的建设方面,对高校教育精细化管理方面的重视度和参与度普遍不够。例如,一些院校在资源分配方面存在不公平的现象,将过多的资源投入优势学科,而那些选修率和就业率比较低的学科则难以获得足够的师资和硬件支持,导致高校教育发展呈现出明显的差异化。

从高校教育精细化管理的具体实施来说，缺乏必要和全面的考核与监督体系，导致高校的管理者和实施者在执行相关规定时难以全身心地投入其中，多数情况下抱着试试看的态度来勉强执行。在精细化管理实施的效果方面，高校教育主管部门和高校管理者只能够通过书面的报告来大致掌握管理工作的实际开展情况，缺乏科学性和准确性的调研，导致精细化管理工作在开展过程中出现走弯路的现象。

（二）高校教育精细化管理工作的协同性较差

由于高校教育管理工作自身所具有的高复杂性和多元化主体参与的特点，高校教育精细化管理工作的有效实现面临着较大的挑战，需要对不同部门和人员的工作进行高效的协调。就当前高校教育精细化管理工作的具体实施而言，一些高校通过流程精细化管理、科研精细化管理、财务精细化管理、后勤精细化管理及就业精细化管理等模块的创新与尝试取得了较好的成果。但是在学校教育精细化管理的综合性和协同性等方面则表现得相对比较弱，一些跨部门、多成员参与的精细化教育方案在实施中存在着明显的信息和执行鸿沟，导致预期的教育精细化管理成果无法实现，制约了高校教育整体工作的精细化发展。例如，高校教育和科研工作发展所需要的社会人才需求信息无法准确且及时地从招生就业部门获得，从而导致教育精细化工作的实现缺乏足够的科学性和合理性。

（三）高校教育精细化管理缺乏有效的保障措施

对于高校教育管理工作来说，精细化方向的发展并非一件简单的事情，需要坚持与时俱进和多措并举，需要通过对各方面的工作进行有效的整合和细化来提升教育管理工作发展的效率与效果。就当前高校教育管理工作的实际开展情况来看，虽然多数院校能够根据各级教育主管部门和自身的实际情况制定相应的精细化管理方案，并将精细化管理思想融合到日常的教育教学工作中，但是在精细化管理的执行方面缺乏完善的保障体系，导致一些在执行过程中的不确定性因素阻碍了精细化管理工作的开展，造成管理工作效率和效果难以有效落实。

三、创新高校教育精细化管理的策略

上述高校教育管理工作开展过程中存在的、制约精细化管理工作开展的问题，需要借助相关的有效创新思路和措施来加以有效解决，从而为新时代高校教育精细化管理工作的高效开展提供强有力的支撑。

（一）建立和完善高校教育精细化管理体系

高校教育精细化管理是基于一定的规则和制度逐渐形成的一种教育方式，因而完善的精细化管理制度体系是实现高校教育精细化管理的前提和基础。首先，从制度层面来看，各级高校教育主管部门要充分认识和尊重高校教育管理工作规律，以高校教育、高校和学生为基础来科学设计和组织精细化管理工作，能够根据新时代高校教育管理工作的新特点来提高对精细化管理工作的重视度，通过科学的方针政策来为高校教育管理工作的发展明确方向。其次，各高校要结合本校新时代高校教育管理工作开展的实际情况和相关的教育发展规划，明确各个职能部门和二级学院的精细化发展任务和目标，借助明确的量化指标来对教育精细化管理工作的实施情况进行准确的掌握和反馈，对高校教育精细化管理工作开展过程中存在的问题进行深入的挖掘和分析。再次，处于一线的教育教学管理者和参与者要结合教学专业和教学内容的实际情况制订科学有效的教育发展计划，将教育管理工作细化到自己的日常工作之中，并进行适时的创新和完善。最后，高校教育主管部门和高校要根据情况建立精细化管理领导小组，将高校教育精细化管理工作目标进行量化分解，明确各个职能部门的职权，并将其精细化管理工作完成情况纳入年度评优工作之中，对精细化管理工作中所暴露出的明显问题进行责任追究，强化高校教育精细化管理工作的重要性，同时要引入监督机制，借助有效的监督体系来提升高校教育精细化管理相关政策、制度的执行效率和效果。

除了管理制度与规范体系的建设以外，还要注重对高校教育精细化管理创新体系的建设，注重高校教育管理工作的与时俱进。一方面，教育主管部门和高等院校要结合精细化管理工作的实际，系统、全面和客观地把握当前制约高校教育精细化管理工作深入推进的不良思想和行为，提升精细化管理体系的开放性和时代性；另一方面，高校教育精细化管理工作参与者要大胆摒弃传统粗放式管理思想和行为，敢于制定出先进且科学的精细化管理制度和方案。

（二）加强高校教育精细化管理工作的协同机制建设

高校教育的快速发展使得教育管理工作的开展需要多方面共同参与。针对当前高校教育精细化管理中存在的协同性差的特点，需要进行多方面的强化和创新，借助相应的手段来增强各职能部门和人员的协作意识和能力。首先，高校教育主管部门要充分发挥自身的教育精细化引导职能，借助相应的信息化平台来对高校教育精细化管理过程中的成功经验进行共享，督促和指导各高校制订新时代高校教育精细化管理的计划，实现高校教育的区域化和一流化建设。其次，高校尤其是地方性高校要结合自身的教育教学工作实际情况和自身的教育发展定位将高校教育发展任务进行量化和分解，使各个部门和人员都能够对自身的工作职能及其重要性有一个清晰、准确的认识与认同，将精细化管理的思想和方法切实贯彻到每个人的日常工作之中。最后，高校要增强部门之间和人员之间的协同性，借助校园信息化网络平台来提升精细化管理的信息披露、共享和反馈机制，构建闭合的精细化管理系统。

（三）建立和完善高校教育精细化管理保障体系

所谓保障体系，是为了保证高校教育精细化管理目标能够在复杂的情况下得到良好实现而采取的相关问题的应对机制。就当前高校教育精细化管理工作的实施来看，保障体系的建设需要各个参与主体给予足够的重视和落实。首先，各级教育主管部门应对新时代中国高校教育管理工作所面临的宏观形势和挑战有一个客观、全面和清晰的认识，对高校教育精细化管理发展的复杂性进行科学研判，据此制订相应的稳妥且有效的精细化发展方案，并对其在实施过程中可能遇到的问题及问题解决机制进行明确，保持谨慎。其次，高校要对新时代高校教育在教学与科研方面所承担的职能和发挥的作用有一个准确的把握，对本校在高校教育发展中的方向和路线进行重新定位，结合各方面的综合情况来制订精细化管理方案，并对具体实施过程中可能遇到的困难有一个预测，制定常态化的精细化管理应急机制，保证精细化管理目标的有效实现。

要建立和完善高校教育精细化管理保障体系，就要明确保障体系的"保障"职能。凡是能够确保高校教育精细化管理工作深入推进的方法和策略都可以纳入实践中去尝试。例如，针对一些日常教育教学管理工作中的先进经验或者案例，可以借助相应的公共平台来加以推送和宣传，以充分发挥优秀经验以点带面的重要价值。同时，要注重对高校教育管理工作的各职能部门和人员的表现进行科学的考核，对于那些在高校教育精细化管理实践中表现优秀的部门和人员给予相应的奖励，发挥模范标杆的作用。

高校教育作为高层次人才培养的重要工作内容，对新常态下经济社会的高质量发展有着基础性的影响。在中国特色社会主义建设进入新时代的情况下，高校教育管理工作也出现了一些新的特点，面临着一些新的情况，这些因素促使精细化管理思想和方法成为现代化高校教育管理工作开展的重要方向。对当前高校教育精细化管理工作中存在的执行标准不科学、管理工作协同性差和缺乏行之有效的保障体系等问题，要从高校教育发展的深层次规律着手来寻求相应的解决机制，切实保证高校教育精细化管理目标的有效实现。

第五节　生态管理维度下高校教育质量管理

生态管理维度下的高校教育质量管理必须坚持"以人为本"、依法治校，以实现整个管理生态的可持续发展为目标，才能保证良好的管理生态环境的实现，促进高校教育质量管理效能的不断提高。然而，近年来高校教育质量管理对绩效的过度"理性化"追逐，出现了师资管理资本化、学生管理功利化以及师生关系逐渐淡漠等同必须坚持的管理原则相悖的失范现象，导致管理生态逐渐恶化，对高校教育质量管理效能产生了相应的负面影响。因此，有必要按照"人性化"的生态管理原则，通过建立以教师的充分发展为中心的师资管理制度、以学生的全面发展为目标的学生管理制度，以及构筑生态化的和谐师生关系等生态管理创新路径，来达到构建和谐稳定、可持续发展的生态高校教育质量管理的目标。

党的十八大报告提出推动高校教育内涵式发展，确立了新的历史时期高校教育科学发展的方向，这为促进高校教育质量的提高、教育质量管理的提高提出了新的要求。然而，由于功利化思维的影响，我国的高校教育质量管理在很大程度上存在着过度追求绩效而造成管理环境恶化的现象，从而对其效能的提高造成很大的困扰。

生态管理是近年来兴起的新的管理模式，其充分运用生态学的原理，强调人与环境之间的和谐，注重整体的可持续发展和平衡协调，符合高校教育内涵式发展的要求，对矫正高校教育质量管理生态的恶化有着很好的矫正作用。因此，必须在生态管理维度下对现有高校教育质量管理进行相应的创新，才能克服目前管理环境恶化的困境，达到全面提高高校教育质量的目的。

一、生态管理下高校教育质量管理的原则

根据生态管理的原理，要保证生态系统的可持续发展，就必须为实现此目标而注重作为管理者的人与生态环境之间的和谐。因此，生态管理下高校教育质量管理必

须坚持以下三个原则。

（一）管理主体坚持"以人为本"

对于高校教育质量管理的生态环境来说，其管理对象主要为与教育质量直接相关的高校师生。要保证管理环境的和谐，管理主体必须坚持"以人为本"的原则。这一原则主要包括以下两方面内容：一方面，坚持以"人"为中心进行管理，广泛动员全体师生参与到管理之中。生态管理中的"以人为本"，要求管理主体以"人"而不是相应的管理机构为中心进行管理，因此要求管理过程的开放性和管理对象的参与性。对于高校教育质量管理来说，相应的管理过程必须对全体师生开放，而不是单纯由教学行政管理机构如教务处、校务办等以履行管理职责的方式进行。要达到师生对教学质量管理过程的广泛参与，就必须建立相应的师生参与管理的正式机制，广泛动员全体师生参与到管理之中。只有这样，才能使高校广大师生对教育质量管理产生相应的参与感和责任感，才能以教育质量管理主体的身份充分发挥主观能动性，从而有效促进教育质量管理的提高。另一方面，以"人"作为管理的终极目标，充分关注广大师生对管理的各种意见和反映。事实上，任何管理的具体目标最终都必须依靠作为管理对象的人来实现。对于高校教育质量管理的具体目标来说，则必须依靠广大师生来实现，广大师生才是高校教育质量管理的终极目标。因此，在高校教育质量管理过程中，必须建立同广大师生进行沟通的制度化渠道，及时收集和处理广大师生提出的各种意见及相应的反应，以保证教育质量管理过程中管理者同广大师生之间的协调一致，保证管理环境的生态和谐。

（二）管理方法上坚持"依章治校"

良好的生态管理效果的形成还有赖于生态环境的相对稳定。在高校教育质量管理中，要保证这种管理环境的稳定就必须在管理方法上坚持"依章治校"的原则。这一原则主要包含两方面的内容：一方面，制定一整套科学的教育质量管理章程，构建共同规则下的生态管理系统。"依章治校"的前提是良好的规章制度的存在，对于高校教育质量管理来说，必须根据高校教育质量管理的规律，按照"以人为本"的管理原则，制定一整套科学的教育质量管理章程，这是实现"依章治校"的前提。科学而系统的教育质量管理章程的存在，可以为高校教育质量管理建立一个所有成员都必须遵守的制度框架，以构建共同规则的形式实现生态管理系统的稳定。另一方面，具体管理事务必须依章办事，在此基础上实现与管理环境之间的生态和谐。良好的教育质量管理章程的制定，只是为稳定的生态管理环境的形成提供了稳定的可能，要使其真正发挥保证生态管理环境稳定的效果，还必须在具体管理事务的过程中严格依章办事。只有这样，才能使相应的教育质量管理章程产生足够的权威，减少管理行为的不确定性，并使受其规范的人员能对自己相应的行为产生明确的预期，从而实现管理主体与管理环境之间的生态和谐。

（三）管理目的上坚持"可持续发展"

生态管理的目的，是实现整个生态系统的可持续发展。因此，生态管理维度下的高校教育质量管理在目的上，必须坚持"可持续发展"的原则，注意以下两方面的平衡。一方面，注重发展和稳定之间的平衡，以稳定求发展。生态系统的发展必然会对系统的稳定产生相应的影响，而系统的相对稳定则是保证其良好状态的基础，对稳定的过度破坏必然导致系统的功能失范。生态系统的停滞虽然短期内对系统的稳定有利，但随着时间的推移，其适应环境变化的能力必然逐渐减弱，最终将导致系统更大的不稳定甚至崩溃。因此，在高校教育质量管理的过程中，必须注重发展和稳定之间的平衡，在保持管理环境的相对稳定、管理系统的运作基本正常的情况下，通过相应的改革措施促进其进一步发展，在以稳定求发展的基础上，保证质量管理的可持续发展目标的实现。另一方面，注重竞争与和谐之间的平衡，以竞争求和谐。生态系统的良好状态不仅有赖于不同主体间和谐的人际关系的存在，还必须保持一定的竞争关系，从而保证整个生态系统的活力。然而，过度强调竞争会使主体间关系淡漠，缺乏必要的信任感和安全感，严重破坏人际关系的和谐，从而导致管理效能降低。过度强调主体间的和谐关系而忽略竞争，则必然造成系统的衰退，从而使和谐丧失存在的基础。因此，高校教育质量管理必须高度重视竞争与和谐之间的平衡，在保持适度竞争的基础上维持主体间的和谐关系，以竞争求和谐。

二、高校教育质量管理的机制失范

高校教育质量管理在发展过程中，有逐渐陷入过度追求绩效的理性陷阱的危险，其以"绩效"为本，建立了一系列功利化特征明显的管理制度，逐渐偏离了应当坚持的原则，导致了以下一系列机制失范的现象，从根本上损害了其可持续发展目标的实现。

（一）学生管理上的功利化

高校教育质量管理的功利化特征体现在学生管理上，是对学生管理效率的日益强调，主要体现在三个方面。首先，对学生服从管理的过度强调。为了提高教育质量管理的效率，强调学生对高校管理要求服从的义务。其次，以分数论成败。高校教育质量管理的学生评价体系，基本都以考试分数为主要的甚至是唯一的根据。为了追求更高的分数，必然造成对学生其他正常成长需要的能力培养的忽视，从根本上损害了教育质量管理效能的提高。最后，过多的课程设置。为了尽可能使学生的知识结构符合高校的意志，大学生顺利毕业需要修习的课程日益增多。过多的课程设置虽然保证了大学生的知识结构能够更好地符合高校的要求，却并不一定符合大学生自身及社会的需求，而且在很大程度上扼杀了大学生学习的自由和自我学习管理能力的培养，从根本上有害于可持续发展生态管理目标的实现。

（二）师生关系的逐渐淡漠

在过度追求绩效的功利化高校教育质量管理模式下，师生都成为比较单纯的管理对象，从而使其自主性日益减弱，师生之间的关系逐渐淡漠。一方面，课堂教学日益任务化。在功利化的高校教育质量管理模式下，课堂教学中的教师和学生的主要作用是完成相应的教学任务和学习任务。由于对教师和学生的评价实行的是完全独立的两套制度，教师和学生只需要各自完成高校教育质量管理要求的任务即可以取得比较满意的成绩，因此缺乏加强彼此之间关系的激励。很多教师到课程结束都不认识班上的绝大多数学生，而学生对相关教师除了名字和教学内容之外，其他方面同样一无所知。另一方面，师生沟通日益程序化。高校中的很多师生，除了按照高校教育质量管理体系的规定进行程序化的沟通，如课堂教学、问题答疑、考试评价之外，几乎没有任何其他制度外的沟通方式。这种局限于高校教育质量管理体系中的逐渐淡漠的师生关系，必然因为师生之间缺乏了解而导致教学和学习质量的降低，对高校教育质量管理的提高形成相应的阻碍。

三、生态管理视角下高校教育质量管理的路径构建

（一）建立以教师发展为中心的生态师资管理制度

教师作为高校教育质量生态管理过程中"以人为本"的关键主体之一，是实现可持续发展的管理目标的重中之重。要使教师在高校教育质量管理过程中充分发挥

主观能动性，就必须建立以教师发展为中心的生态师资管理制度，克服现有的师资管理上资本化的过度功利倾向。这一制度应当包括以下四个方面：第一，充分考虑教师的职业发展需要，制定相应的制度以鼓励教师充分发展。在现有高校普遍建立教师发展中心的基础上，进一步考虑教师发展的各种具体需要，将教师自身的发展作为相应管理的目标，通过教师能力的提高而不是其对管理规定的单纯执行来保证高校教育质量管理的可持续发展。第二，绩效考核的指标设计必须充分考虑教师自身情况。教师绩效考核的指标设计必须克服纯粹量化指标不能客观反映教师的能力和贡献的问题，将教师自身情况如知识结构、性格特点等不能量化的方面作为重要的修正参数。第三，充分发挥教师在管理中的能动作用和监督作用。将教师作为高校教育质量管理的重要主体而不是单纯的管理对象，建立收集和处理教师对相关管理的建议和意见的制度化沟通渠道，使教师在充分参与和监督管理过程的基础上充分发挥主观积极性。第四，积极引进高质量师资，保持竞争活力。师资队伍的和谐稳定是教师充分发展的必要前提，但这并不意味着不需要引进相应的竞争机制。在保证师资队伍稳定的前提下，高质量师资的引进不仅可以提高师资力量的整体水平，从总体上促进高校教育质量管理水平的提高，还能在师资队伍中形成良性竞争气氛，在促进教师不断发展进步的基础上保证师资队伍的和谐和稳定，最终达到提高高校教育质量管理水平的目的。

（二）明确以学生的全面发展为目标的生态学生管理制度

学生是生态管理中"以人为本"原则必须重视的另一主体。从本质上来讲，高校教育内涵式发展要求的教育质量的提高，即是指尽可能实现大学生的全面发展。因此，大学生的全面发展是高校教育质量管理生态系统运行的根本目标，包括教师的发展在内的整个管理系统最终都必须为这一目标服务。因此，明确以学生的全面发展，而不是学生对管理的无条件服从为目标的生态学生管理制度，是保证高校教育质量管理顺利运行的前提和基础。生态学生管理制度应当包括以下几个方面：第一，培养和发挥学生自我管理的能力。将学生作为管理主体的重要组成部分，在不违反管理制度原则的基础上允许学生自行选择管理方式并对其提出的建议和意见及时处理，培养和发挥学生自我管理的能力，专职的教育质量管理人员只在必要时对学生进行相应的指导和处理，以达到充分利用学生自我管理的主观能动性的目的。第二，建立以分数为基础、以素质为目标的学生评价体系。考试分数只是评价学生学习成绩的主要手段,其最终还是要为促进学生努力学习、提高其素质服务。因此,分数可以作为对学生进行评价的基础,但只能起到一定的参考作用,还应当充分结合对学生全面发展具有重要作用的其他方面,来达到促进学生素质全面提高的目的。第三,减少课程设置,提高学生学习的自由度。学生的全面发展是因人而异的,课程设置的适当减少,可以使学生更好地根据自身全面发展的需要安排相应的学习时间和学习内容,培养其对未来成长至关重要的自学和创新的能力。第四,开展校际交流和社会实践。开放性是提高生态系统的自我纠错能力及可持续发展的关键。为了保证学生全面发展目标的切实实现,有必要通过校际交流和社会实践的方式,使学生对整个高校教育质量管理产生更充分和深入的理解,并对自己的学习计划进行更符合管理目标的安排,促进高校教育质量管理效能的提高。

为了在短期内提高高校教育质量管理效能,各大高校纷纷引进现代企业的先进管理经验,然而,高校管理生态与企业有着本质的不同。对于企业来说,最重要的目标是追求利润的最大化,因此其管理模式以追求绩效为导向。高校引进企业管理经验的结果,必然导致师资管理的资本化,恶化高校教育质量管理过程中管理主体同教师之间的关系,对管理目标的实现产生相应的负面影响。其主要表现在以下三方面:第一,师资沦为纯粹的管理对象而不是管理主体。在片面追求绩效思想的指导下,高校教师逐渐沦为实现相应教育质量管理目标的工具,高校教育质量管理职能完全由专业的高校行政管理机构和人员完成,师资作为纯粹的管理对象而不是管理主体而存在。第二,以"纯客观"的绩效考核决定教师的待遇和晋升。这种考核方式出于提高效率的目的,完全以量化的方式对教师进行评价,而忽略不能量化的其他同样重要的方面,并不能真正反映教师所具有的能力及其所做出的贡献。第三,教师和管理者之间缺乏畅通的沟通渠道。将教师作为纯粹的管理对象的结果是,管理者只关心教师的具体行为是否符合管理目标,而忽视对教师意见和建议的收集和处理。教师和管理者之间的沟通渠道不畅通,必然导致教师和管理者之间的隔阂,使得管理者不能及时发现管理过程中存在的问题,从总体上降低管理效能。

作为实现高校教育质量管理目标的最重要的两个主体——教师和学生之间关系的和谐,对保证高校教育质量管理生态系统的稳定和可持续发展有着非常关键的作用。和谐的师生关系意味着教师和学生之间的互相熟悉和互相理解,从而在教学活动中能尽量针对对方的特点进行相应的调整,尽可能达到理想的教学效果,促进教育质量管理效能的提高。构筑生态化的和谐师生关系应当包括三方面内容:第一,强调课堂教学的师生互动。课堂是师生彼此接触最频繁的场所,对构筑和谐的师生关系非常重要,因此必须将课堂教学中的师生互动纳入高校教育质量管理的制度体系之中,并通过各种方式在教师中交流课堂教学师生互动的经验,强调其对构建和谐的师生关系、提高教学质量的重要性,使课堂教学中良好的师生互动在构建生态化的和谐师生关系中起到基础性的作用。第二,组织各种师生互动的课外活动。师生互动作为促进师生关系和谐的重要手段,不能仅仅局限于课堂教学之中,而应当充分组织师生共同参与的各种课外活动,如组织师生共同参与的知识竞赛、专题讲座、特色兴趣小组,尽可能增加师生互动的机会。第三,利用多种渠道实现师生间的无障碍沟通。除了课堂教学和课外活动等传统的师生间互动方式外,其他促进彼此间相互了解的沟通形式对师生间和谐关系的建立也很重要。尤其要重视以互联网和手机技术为基础的各种新型的沟通方式,如通过QQ、电子邮件、微信乃至教学管理网络系统等,实现师生间在具体教学及日常生活乃至兴趣爱好等多方面的交流,真正实现师生间的无障碍沟通。构筑生态化的和谐师生关系的关键,是通过各种制度化及非制度化的管理方式,促进师生间的相互了解和信任。只有以此为基础,才能实现互相谅解和有效协调,促进相应教学质量的提高,在和谐稳定的生态化师生关系的基础上实现高校教育质量管理可持续发展的目的。

第六节 我国高校职业教育管理工作模式

高校职业教育是我国高校教育的重要内容,在塑造人才、创造人才方面为国家做出了巨大的贡献。同时,高校职业教育对管理工作模式的创新是院校在激烈竞争中处于优势地位的重要方法,是高校学生自我发展的有效途径。笔者在本节借鉴国外一些发达国家的办学经验,从管理制度、管理理念、招生管理和教学管理四个方面对如何推进我国高校职业教育管理工作模式的创新提出一些建议。

高校职业教育是我国高校教育中的一个重要组成部分,对国家、院校和学生本身都有十分重要的意义。但是就目前我国的高校职业教育管理工作模式来看,长期处于一种不变的状态,似乎已难以再适应社会发展的要求。只有借鉴国外的先进经验,对高校职业教育管理工作模式进行创新,才能适应国家和市场的要求,创造出更多的栋梁之材。

一、我国高校职业教育管理工作模式创新的必要性

（一）国家和时代建设的需要

我国的高校职业教育是从1999年开始大规模发展的，这主要取决于当年的一个文件，即《中共中央、国务院关于深化教育改革全面推进素质教育的决定》，文件中指出，高校职业教育是中国高校教育的重要组成部分，要大力发展高校教育。随着文件的出台，1999—2019年，全国高职院校从161所增加到1423所，数量占全国普通高校的53%，占据着重要地位。所以说，对高校职业教育管理工作模式进行创新已经成了国家和时代发展的迫切需要。

（二）高等职业院校发展的需要

随着国家和社会经济的发展，高校职业教育与国际之间的联系越来越密切，国外一些先进的思想和理念传入国内，高等职业院校的教育思想、办学理念、办学体制和规模都在面临着新的挑战。受德国、法国、日本等多个发达国家的影响，我国对高校职业教育的投入和关注也在不断增加，所以高校职业教育在我国的地位也在提高。院校之间的竞争越来越激烈，高等职业院校只有借鉴发达国家的经验、提高教学质量，才能够在激烈的竞争中立于不败之地。所以，高等职业院校要把深化教学管理体制和运行机制作为工作的重点，对现有的高校教育管理体制进行改革和创新，促进院校的健康、持续发展。

（三）高等职业院校学生自我发展的需要

随着科学技术的发展和社会的进步，单一的学科知识已经无法适应时代的需求，用人单位对高等职业院校学生的要求也越来越高，学生如果在学校学不到全面的知识和技能，无法利用自己所学的知识去面对和解决现实生活中遇到的困境，不但难以适应激烈的社会竞争，也不利于学生自身的发展。所以说，高校职业教育管理工作模式创新为人才自身的发展提供了一个良好的条件。

二、其他国家的高校职业教育管理模式借鉴

（一）德国的"双元制"教育管理模式

德国的高校职业教育和普通高校教育处于一种相互连通的状态，整个教育系统比较完整、开放。可以说职业教育是普通高校教育的延续，是一个为学生的持续发

展提供渠道的机构。在这种模式下，德国高校教育机构采取校企合作、工作过程项目化的手段，大大地提高了德国高校职业教育的质量。德国的高校职业教育是"政府主导、校企合作"，政府和企业都是高校职业院校发展中不可分割的一部分，为院校培育高素质、高技能、社会所需要的人才提供了良好的教育和实践平台。

（二）法国的"交叉学习"教育管理模式

法国从小学到大学一直都设有职业技术教育的相关课程，所以学生从小就能接触到技术和生产方面的知识，特别是在高中和大学阶段。法国的职业技术教育课程在注重专业基础教育和专业学习的同时，也重视普通文化课程的学习，这样不仅可以拓宽学生的基础知识，还可以提高学生的基本素养和水平。法国高等职业院校的教育课程着力于专业教育和基础教育的同时，还特别注重理论与实践相结合，将理论课和实践课进行交叉教学、相互补充，却独立地考核。这种"交叉学习、独立考核"的教育管理体系，对学生综合能力的提高发挥了巨大的鼓励作用。

（三）日本的"多层开放"教育管理模式

日本高校职业教育所采取的"多层开放"教育管理模式，是由不同层次的短期学校、短期大学、高等学校等院校组成的一个开放式教育管理体系。高等职业院校的学生可以自由选择不同层次、不同类别的职业院校开展的课程进行学习。这种模式下的院校虽然有着不同的学科、不同的课程内容，但它们的教学理念是相同的，那就是要以培养技术人才为目标，为社会发展培育所需要的人才。

三、我国高校职业教育管理工作模式的创新策略

（一）重视管理与制度创新，加强政府宏观职能

1. 弱化职业高校和普通高校的等级

众所周知，职业院校在我国的地位比较低，从招生资格上来看，优秀的人才均被普通高等学校所录取；在就业方面，人才市场普遍对职业院校的学生带有歧视心理，认为他们不如普通高校的学生。这种等级分明的教育管理制度，非常不利于高等职业院校的发展。对此，我们可以学习法国的教育管理模式，将职业教育机构当作国家教育系统中非常重要的一个组成部分，职业院校处在和普通高校同样重要的位置，高等职业院校的毕业生甚至可以比普通本科毕业生的学历更高，通过这样的方式来弱化职业高校和普通高校的等级，为高等职业院校的发展提供条件。

2. 提升高等职业学校的教学质量

生源质量差、师资力量差等，造成了我国高校职业教育的教学质量一直处于低于普通高校教学质量的状态。所以我们应该向法国学习，在职业院校中设立不同的教学等级（比如，在职业教育体系中可以有不同的形式和层次的分类，分别在职业院校中设立高校职业教育性质的高级技术员班，培育精英人才），或者引导高等职业院校构建"特色院校"（紧扣高等职业院校的特色之处，发挥自身的优势，培养出某个领域或者某个行业的优秀人才），以提高高等职业院校的教学质量，促使高等职业院校培育出更多的优秀人才。

3. 实现学历教育与职业教育的协调发展

可以借鉴德国的"双元制"职业教育模式，将教学和就业密切联系，加强实践教学，从而实现学历教育和职业教育的协调发展。在传统的学历教育中，我们只强调学生掌握理论知识，却很容易忽略学生的综合能力。然而在职业教学中，很多院校过分强调专业技术，从而忽略了学生的学历涵养，我们应将两种教育模式进行结合，培养出既有学历素养又有技术含量的人才。

（二）改变职业教育管理的思想观念

1. 奉行"以人为本"的管理理念

在我国，高等职业院校的学生很多是其他高校不要的"差生"，所以学生基础比较差。这个时候，高等职业院校就必须贯彻"以人为本"的理念，给予学生更多的尊重和平等，在课程的设计上也要结合高等职业院校学生的实际情况，按照低基础、宽范围、方法灵活的理念进行课程设计，简化难度、精选重点、优化知识组织，以利于学生的学习。

2. 树立"创建特色职业学校"的理念

我国现有的高等职业院校大大小小有几千所，但是办学理念趋向一致，这样不仅不利于学生的选择和学习，更不利于国家高校职业教育的发展。每个地区的地域、风俗、优势和特点都有所不同，职业院校就应该抓住院校的地区特长，发展出其他同类高等职业院校无法模拟的特色课程，"以质取胜"，而不是"以规模大小取胜"。例如，景德镇以陶瓷闻名，当地就有一所"江西陶瓷工艺美术职业技术学院"，从而打造了一所富有地方特色的职业院校。

（三）改变高等职业院校招生制度，从多个渠道选拔考生

1. 统一考试招生

统一考试招生即通过高考来为院校选拔人才。在中国，几乎每一个学子都要通过高考进入大学或职业学院，高考是全国性的、统一的国家考试，很多职业院校均按照学生高考的成绩设置分数线，从高到低择优录取。高考是由教育部统一组织调度进行的考试，其公信度非常高，给出的成绩也比较权威，但是这种方式未免过于单一，而且"一考定终身"的形式对学生来说也不公平。

2. 学校自主招生

学校自主招生是一些学校采用的录取方式，普通高中生可以在毕业前向一些院校进行咨询、考试，然后在录取的时候享受高考加分政策。虽然这类学生也要参加高考，但高考已经不是唯一的评判标准。学校可能还会安排面试、才艺展示等环节，对学生进行充分的考核，最终选拔出优秀的人才。

3. 校长亲自招生

在美国、英国，有很多校长亲自走向社会宣传自己的学校，或者亲自对考生进行面试，这种校长亲自出面招生、面试的情况在我国非常罕见。校长是院校的最高领导人，他的影响力绝对不亚于任何广告，所以，如果可以让校长参与到招生的过程中来，相信学生会更愿意选择和相信这样的院校。

（四）加强校企合作，增强学生的综合能力

1. 构建类似工作现场的实训基地

加强职业院校的实训实习基地建设是目前高等职业院校的教学重点。实训基地不仅可以改善高校的办学条件，共享资源，也可以集教学、培训、学习于一体，提高教学质量，培养学生的基本技能和重点知识，还可以提高学生的实践能力和综合素质。

2. 邀请企业专家进入校园教学，加强与学生的交流

随着经济的发展，社会中各个行业的竞争越来越激烈，高等职业院校必须根据教学要求对实际教学进行安排设计。除了优化教师的结构，提高教师的综合能力之外，还应多邀请一些相关行业、企业的专家进校园举办讲座或者座谈会，加强行业、企业专家与院校师生之间的交流和沟通，促进专业教学改革。

3. 加强学校与企业的联系，为学生提供实习机会

教育部曾经在 2004 年颁布了《教育部关于以就业为导向，深化高校职业教育改

革的若干意见》，指出高等职业院校要以就业为导向设立办学目标，主动适应社会的发展需要，坚持培育专业涵养高、实践能力强、职业道德好的人才。所以，应该把实习、实训作为高等职业院校教学的主要内容，通过院校和社会合作，给学生创造更多的实习机会，从而真正把教学延伸到社会中。

第七节 "双一流"建设创新我国高校教育管理

围绕"推进世界一流大学和一流学科"建设，势必要建立科学的、有利于大学发展的高校教育管理体制机制。通过对高校教育综合改革背景进行透视，分析传统高校教育管理体制机制的不足，认为我国高校教育建设急需重塑理念，重构学科建设模式，创新管理，并探索教育治理、分类管理、创新创业教育管理机制、以学科建设为龙头的配套管理机制等方面的创新。

2015年10月，国务院印发《统筹推进世界一流大学和一流学科建设总体方案》（以下简称《方案》），进一步明确了我国建设世界一流大学和一流学科（以下简称"双一流"建设）的指导方针、目标和要求。"双一流"建设已经成为我国高校教育发展和综合国力发展的战略选择，在促进社会经济、文化、科技等方面将发挥十分重要的作用。

在1999年发布的《中共中央、国务院关于深化教育改革，全面推进素质教育的决定》中对"双一流"建设就有论述。文件提出了一流大学的三条标准：一流大学应"具有世界先进水平"；一流大学应是一个"既出人才，又出成果的基础研究和应用研究基地"；一流大学应"为国家创新体系建设和现代化建设做出贡献"。2010年，在《国家中长期教育改革和发展规划纲要(2010—2020年)》中，也明确提出要"加快创建世界一流大学和高水平大学的步伐，培养一批拔尖创新人才，形成一批世界一流学科，产生一批国际领先的原创性成果，为提升我国综合国力贡献力量"。党的十八届五中全会通过的"十三五"规划建议明确提出"提高高校教学水平和创新能力，使若干高校和一批学科达到或接近世界一流水平"。这一系列决定充分体现了国家对"双一流"建设的高度重视和坚定决心。围绕"双一流"建设，我国高校教育领域势必要不断建设和改革，其中高校教育管理体制机制改革已经引起社会广泛的关注和讨论。

一、推进"双一流"建设要求创新高校教育管理体制机制

南京大学校长陈骏指出:"当前对于世界一流大学并没有公认的严格定义和统一的评价标准,但所有的世界一流大学都必然拥有先进的教育理念与独立的大学精神,能够为各行各业培养领军人才和拔尖创新人才,能够取得划时代意义的科学研究成果并对本国乃至世界的社会经济与文化发展产生重大影响。"

2019年年底,全国共有普通高校2688所,其中本科院校1265所、高等职业院校1423所,高校教育毛入学率达到51.6%,各类高校教育在校学生总规模4002万人,居世界第一。但从总体上看,我国高校教育同国际先进水平还有明显差距。我国教育的发展、学科建设均离不开高校教育管理体制机制的健全和创新。然而,现行的高校教育体制机制存在一定弊端,束缚着教育发展模式优化和高校的活力,尚未形成强有力的国际教育竞争力。只有进一步破除制约高校发展的体制机制性障碍,才能引领、保障"双一流"建设的顺利推进。

二、当前我国高校教育综合改革的背景

(一)我国经济发展进入新常态时期

2014年年底召开的中央经济工作会议对当前历史时期我国经济发展新常态做出了系统分析,并指出我国经济发展进入新常态,要求各领域的发展要适应新常态和引领新常态。新常态要求我国产业结构转型换代、增效提质;经济增长方式换挡减速,提高内涵式发展。我国高校教育的发展也呈现出新常态特征,增幅降低、速度变缓,强调内涵式发展和以提高教育质量为生命线的发展模式,势必需要创新高校教育管理体制机制。

(二)我国政治发展进入凸显治理共享时期

党的十八届三中全会在《中共中央关于全面深化改革若干重大问题的决定》中提出,"完善和发展中国特色社会主义制度,推进国家治理体系和治理能力现代化""深入推进管办评分离,扩大省级政府教育统筹权和学校办学自主权,完善学校内部治理结构"。这些关于转变治理方式的论述是中央面临转型期提出的规定,既反映了中央深化改革、转变政府职能的举措,也表明了国家大力推进教育改革的决心和方向。2014年,全国教育工作会议将"深化教育领域综合改革,加快推进教育治理体系和治理能力现代化"确定为今后一个阶段全国教育工作的目标,这也是我

国教育领域为全面落实中央决策部署，适应社会环境和教育形势的变化，主动进行的理论思考和教育管理体制机制创新。

（三）我国信息化发展进入"互联网+"时期

随着《国家中长期教育改革和发展规划纲要（2010—2020年）》与《教育信息化十年发展规划（2011—2020年）》的颁布实施，尤其是2013年教育部出台《国家教育管理信息系统建设总体方案》后，以互联网技术为平台的信息技术给高校教育的课程内容、组织形式、智慧管理等方面带来了颠覆性的变化。2015年，李克强总理在政府工作报告中提出要制订"互联网+"行动计划。《国务院关于积极推进"互联网+"行动的指导意见》进一步细化了"互联网+"对相关领域的指导意见。就高校教育而言，"互联网+"对新型教育服务供给方式，加强创新创业及包括复合型人才培养、联合培养培训在内的智力建设等方面提出了新的要求。

（四）我国进入创新创业新时期

党的十八大明确提出要加大创新创业人才培养支持力度，激发创新创业活力，推动大众创业、万众创新。2015年，李克强总理在政府工作报告中提出打造大众创业、万众创新的引擎。为了进一步落实中央决策，2015年5月，国务院印发了《关于深化高校学校创新创业教育改革的实施意见》，从国家层面做出系统设计、全面部署。党的十八届五中全会提出："必须把创新摆在国家发展全局的核心位置，不断推进理论创新、制度创新、科技创新、文化创新等各方面创新，让创新贯穿党和国家一切工作，让创新在全社会蔚然成风。"

三、推进"双一流"建设探索创新高校教育管理体制机制

高校教育发展需要配套的教育管理理念、体制机制作为引导、保障和支撑。传统的教育管理体制机制在我国计划经济时期形成，现已显露办学体制僵化、政校不分、高校缺乏自主权、粗放扩招型的发展模式、教育发展不平衡、服务社会能力弱等缺陷。在新时期，推进"双一流"建设迫切需要管理创新，构建有利于大学科学发展的体制机制。

（一）重塑高校教育发展理念

第一，重塑大学精神。目前，我国大学建设急需重塑理念、重构模式、创新管理，探索符合本土特色的路径。大学是一个弘扬人文精神和培养具有批判创新意识人才

的圣地，理应成为社会的思想库和知识工厂，成为科技进步的孵化器和社会进步的推动器。《方案》指出大学应该"成为知识发现和科技创新的重要力量、先进思想和优秀文化的重要源泉、培养各类高素质优秀人才的重要基地"。

第二，创新学科建设管理机制。创新学科管理体制和运行机制是学科建设成败的关键。从单一学科设置到学科内涵发展，如凝练学科方向、培养学科带头人和建设师资队伍，建立健全科学的项目负责制和目标管理模式，加强学科平台和基地的建设，优化学科环境，改善大学的内部学术管理机制，形成有影响的科研成果，增强跨学科合作水平与交叉学科融合共生水平，都需要良好的学科管理体制机制发挥作用。

（二）推进高校教育治理进展

教育公共治理是政府、社会组织、市场、公民个人等主体通过参与、对话、谈判、协商等集体选择行动，共同参与教育公共事务管理，共同生产或提供教育公共产品与公共服务，并共同承担相应责任。要通过政府简政放权，扩大和落实大学办学自主权，将多方面的社会力量引入治理体系的构建，谋求多元共治的现代治理方式。

第一，理顺政校关系。一方面，政府职能和角色要由管理型政府向服务型政府转变。从"全能政府"向"有限政府""有效政府"转变；从既要掌舵又要划桨的管制型政府向只掌舵而不划桨的调控型政府转变；从高校的控制者、管理者向高校的提供者、服务者、合作者、监督者转变。另一方面，加强高校的办学自主权。赋予高校办学自主权，既是政府分权转型的表现，也是高校自身遵循学术逻辑对自治的诉求。高校可以按照自身发展的规律和逻辑进行自主办学，坚持和完善党委领导下的校长负责制，不断改革和完善高校体制机制，让大学真正成为一个独立的利益主体和自主负责的法人实体，从而增强高校教育活力和提高教育质量。

第二，教育治理主体体系完善和治理能力现代化建设。一方面，教育治理体系涵盖了政府、社会和高校三大互补体系。教育治理主体由政府集中管制的一元向由政府、高校、社会组织及公民共同参与的多元转变。教育治理强调的是上下互动的管理过程，政府不再是高校教育管理权力的唯一中心，而是通过政府权力的去中心化、多元化，使得其他社会组织及公民作为权力主体参与高校教育的管理工作。多方主体参与教育管理工作主要通过谈判、对话、协商的伙伴关系进行合作与管理；"通过多元共治的制度体系设计来提升治理能力，为我国高校教育的实质性改革提供坚实的保障"。另一方面,教育智慧管理是推动治理能力现代化的强大动力。以"互联网+"为特征的教育智慧管理,是教育管理信息化发展的高级形态和最新愿景。对高校教育而言,可以通过智慧管理进行决策,"指挥调度教育资源、调整教育机构布局、分配教育经费,推动教育事业持续、健康、和谐地发展"。

第三,"管办评"分离。教育治理中分权的具体表现方式是"管办评"分离。首先,三权分立有利于形成职能界限清晰、多元主体合作的治理格局;其次,三权分立需要积极加强社会对高校的监督作用,调动各类社会组织参与教育治理的积极性,鼓励有关组织和专门评估机构进行教育评估,落实"管办评"绩效问责机制,通过社会影响来推动政府和高校的双方改革;再次,三权分立模式对高校去行政化,推进教授治学、办学的发展模式有借鉴意义;最后,政府部门也应适时将社会组织开展的教育评估与监测纳入公共服务购买清单中,并与教育主管部门的检查、高校自查等管理活动形成互补。

(三)推进高校教育分类管理

目前我国高校有2529所,已经形成了多类型、多层次、多模式的高校教育体系。过去"政府对高校教育的宏观管理(包括立法、政策调控、财政运行与管理、决策管理及信息服务等)往往过于简单化、单一化",甚至用单一标准去评价全国高校,既不能指导各高校的工作,又造成了资源的极大浪费,收效甚微。根据《方案》可知,"双一流"建设强调分类管理,以差别化、个性化发展为导向,既适度发展综合性大学,也支持鼓励发展多科、单科型有学科特色的大学。《方案》提出"拥有多个高水平学科的大学、拥有若干高水平学科的大学、拥有某一高水平学科的大学"这三类不同的高校发展要求,启发各类不同大学要思考其在服务地方经济社会转型升级中,如何探索创建"双一流"之路。

(四)建立创新创业教育管理机制

推进高校创新创业教育改革,事关高校教育改革发展,事关国家全局和民族未来。

第一,建立三级管理机制。建立正常化的国家、地方和高校三级创新创业教育管理机制。首先,需要政府主管部门做到机构职责明确和工作到位;其次,只有健全国家和地方、政府和社会多部门联动高效的工作机制,动员教育、科技、财政、企业、人力资源和社会保障等多方面力量,形成合力,才能破解制约创新创业的政策、技术、资本、内容及激励方面的困境，从而为创新创业提供优良的环境和公平竞争的平台；最后，在这一过程中，高校要自觉落实创新创业教育改革的主体责任，以全方位、多层次的指导服务为支撑，做到"机构、人员、场地、经费"四到位，对学生的创新创业活动实行持续帮扶、全程指导和"一站式"服务，并建立科学合理的评价指标体系，实施创新创业教育管理评价。

第二，建立优惠政策保障机制。首先，优惠政策的支持将有力保障创新创业教育的实施，有关各方要推动完善、落实、扶持创新创业优惠政策的制定和实施。例如，积极协调有关部门尽快制定简化创业手续、降低创业门槛的具体办法，加快构建"一站式"服务平台和"绿色通道"，使大学生能够高效、便捷地申领证照。要进一步落实好自主创业税费减免、小额担保贷款、创业地落户、毕业学年享受创业培训补贴等优惠政策；深入实施新一轮大学生创业引领计划，重点支持大学生在新兴产业创业，加大互联网创业扶持政策的制定。其次，充分利用各种资源加强高校科技园、创业园和创业孵化基地建设，以此作为创新创业教育的运作和实践平台。最后，多方整合社会和政府财政部门的资金，支持创新创业教育政策的实施。

（五）创新以学科建设为龙头的配套管理机制

《方案》在改革任务中提出要实现关键环节的突破，这些关键领域的管理创新和机制创新，将更为有效地促进"双一流"的配套建设。

第一，创新人才培养新模式。高校教育改革应围绕提高人才培养质量来进行，需要不断创新人才模式，优化教学模式和教学方法。在实施国家创新战略中，更需要"抓住高校创新创业教育这个'牵一发而动全身'的突破口，补齐补强人才培养短板，造就适应时代需要的创新创业人才，集中力量解决好人才培养与经济社会发展需求结合不够紧密的突出问题"。构建创新创业教育新体系应当以教学管理创新为引领。首先，应着手修订人才培养方案，使创新精神、创业意识和创新创业能力培养既融合于专业教育之中，又能训练于独立的体系中；其次，应建立创新创业学分积累与转换制度，深入实施和支持各类创新创业训练计划和竞赛项目，完善国家、地方、高校三级创新创业实训教学体系，改革学籍管理制度，建立保障创新创业的弹性学制等。

第二，创新师资队伍建设机制。"双一流"建设需要一批学术造诣高、具有国际影响或国内公认的学科带头人和结构合理的高水平学术梯队。在创建"双一流"的实践中，许多高校都表现出对学科带头人的渴望与迫切需求，因为没有学科带头人，就无法发挥标杆和领军人的作用。一支学缘结构和年龄结构均合理的师资队伍，将是学科团队和平台不可或缺的另一翼。建立科学合理的激励机制，有效保障师资队伍的积极性和创造性。据美国心理学家赫茨伯格的激励保健理论，发挥教师的积极性和创造性，需要区分保健因素和激励因素。就全球视野看，高校教师的人事制度应变革，切实提升教师工作积极性与创造性的激励因素，建立健全一流学术标准的教师工作绩效奖励制度，破除职称工资和绩效工资混淆不清的弊端。

第三，创新科研管理及成果转化机制。一是推进高校科研管理创新，建立能有效促进学科发展的激励机制，有效推进"双一流"建设。按照学科布局，重点建设、引导性建设规划科研项目申报、建设及培育，对若干学科的研究前沿领域进行重点资助和经费保障。尤为急需的是创新平台的搭建、资助和奖励等机制，培育创新团队和营建学术大师产生的氛围。二是"双一流"建设要求出一批有重大影响的科研成果，转化成生产力和经济效益，进而形成产业链，服务社会经济的发展，通过收益进一步反哺学科建设。科研成果转化是科研活动及成果能否被社会承认的关键环节。

第四，引入竞争机制与资源配置机制。首先，创新财政支持方式，推行绩效优先，引入竞争机制，进行动态管理，形成激励约束机制，进而打破平均主义。资源投入向办学水平高、特色鲜明的学校倾斜，在公平竞争中体现扶优、扶强、扶特。对获得经费、项目支持的高校，一方面要对专项资金合理使用进行监管，另一方面要实行项目法人责任制，确保项目实施的有效性，建立绩效评价机制和竞争淘汰机制，实行动态管理。其次，激发高校争创一流、办出特色的动力和活力，进一步完善管理方式，增强高校财务自主权和统筹安排经费的能力。最后，加快建立资源募集机制，拓展资金渠道，实现高校和社会双赢，优化高校教育治理体系。

第八节 全面质量管理框架下高校教育管理

在对质量和效率的追求日益激烈的今天，高校教育的管理理念、管理水平、人才培养质量及人才培养过程都备受社会各界的关注。而作为"社会组织"的一个门类，高校教育管理的"质量"将直接关系到这一组织存在的意义、被社会认可的程度，关系到社会的未来走向。因此，在高校教育管理中，应将对教育质量的追求作为关键的战略加以实施，并根据自身的特点对其进行管理模式上的创新，以此来产生更多的社会效益,服务于社会发展。这是因为,我国高校教育发展至今,虽然在推动和促进经济社会的发展方面做出了巨大的贡献,但是在自身的发展过程中,还是不断暴露了与社会发展要求不相适应的矛盾和问题,高校人才培养的模式和质量与社会的要求存在一定的差距。

人才培养是高校教育管理的重中之重,它不但是对高校教育教学质量的直接反映,还间接地反映了社会对人才的要求和期望。这是因为,任何时期对人才的培养都应反映出鲜明的时代特征,经济发展水平、社会文化进程都会对人才的培养产生一定的影响。所以,建立符合时代发展规律的高校教育管理体系就显得尤为重要。本节笔者在全面质量管理的框架下,讨论了高校教育管理中存在的问题和为此进行管理创新的可行模式,旨在为高校教育的管理工作提供一定的借鉴。

一、高校教育实施全面质量管理的原则

(一)关联性原则

高校教育实施全面质量管理是一项复杂的系统工程,这一工程的进行需要对其组成要素进行全面的调动,使它们在统一目标的指引下共同发挥作用,促进高校教育管理目标的实现。在这一过程中,高校教育的各个组成要素的地位和作用存在着明显的差异,有些要素处于支配地位,有些则受到其他要素的支配,但无论是哪一个要素,都在高校教育的全面质量管理中发挥着不可替代的作用,各个要素之间彼此支撑、相互制约,共同构建起高校教育的管理体系。从这个角度讲,高校教育的实行者应该注意到实行全面质量管理的复杂性,认识到各个要素或者资源相互之间的关联,通过对高校这一组织的所有要素的全面调动,实现外部环境与内部环境共同作用,使管理与发展同时进行,为高校教育全面质量管理工作打下坚实的基础。

(二)协调性原则

毋庸置疑,高校教育全面质量管理体系是开放的,而非封闭的。从系统论的角度来讲,这一体系(系统)要持续不断地与外界环境进行物质、能量和信息的交换,只有这样,才能保证高校教育获得必要的能量,只有在开放的状态下,才能将外部环境和内部条件进行综合考量和协调运用。当外部环境发生变化时,高校教育体系本身也必须进行相应的改变,以此来获取相对积极的效果。因此,高校要顺应时代的要求和社会发展的趋势,根据本校实际进行准确定位,努力做到使高校教育质量管理行为与现行的情境保持一致,实现更加高效的管理。

二、全面质量管理框架下高校教育管理存在的问题解析

全面质量管理是一种严格的管理模式,它要求被管理的事物尽可能是"零缺陷"的。但是,在高校实施全面质量管理的过程中,由于需要考虑太多的"人的因素",就会出现管理理念的出位、管理目标的缺位、管理主体的让位和管理标准的错位。

(一)管理理念的出位

对高校教育管理而言,质量与卓越和优秀等同,它反映的是高校教育的结果,或者说是教育的接受者意愿被满足的程度。但是,对这一管理理念,不同的高校、同一高校的不同管理部门之间在理解上存在着或大或小的差异,这种差异的存在,使高校之间、高校的不同部门之间无法实现资源的共享。资源共享的缺失,必将使各高校和高校的不同部门之间在对高校教育质量的认知和提高高校教育质量的方法和途径上难以形成一致的意见。这种概念上的混乱和管理理念上的出位,使高校教育全面质量管理无法形成有效的合力。

(二)管理目标的缺位

由于教育本身是一个动态的过程,作为高级别的高校教育,也应该是动态的和复杂多变的。因此,在教育教学活动中,任何微观要素或者宏观要素的变更或者失效都将使高校教育本身面临一定的"质量风险",这种风险不是通过对指标和标准的强调就能够完全避免的。实际上,这一情况正在高校教育中发生着:社会的大环境促使高校教育走下神坛,高校教育的质量管理因而失去了目标。这种管理目标的缺位造成了严重的后果:大学失去了"独立的人格",为了争夺各类办学资源,高校教育逐渐偏离了原来既定的方向,进一步使高校教育管理在一定程度上违背了初衷,其质量管理工作也在学校的主要"任务栏"中移除。长此以往,高校教育的质量管理必将支离破碎。

(三)管理主体的让位

高校教育管理工作不是"独角戏",而应是高校做主体、政府做中介、社会做评委。这样一来,高校就能够通过政府获取一定的教学、教育资源,在对资源进行利用的过程中,社会要对其进行监督,同时要对资源使用的效果,即人才培养质量进行评价和检验——这是一个理想的状态。但现实情况似乎并不是如此,高校教育管理主体给政府"让位"已经成了一种惯性,高校在"官办、官管和官评"模式的作用下,

逐渐失去了自我发展的动力。即便高校在自身层面上通过相应的措施来提升高校教育质量,但是这一"提升"的结果如何并没有通过社会的评判进行最终确定,只是在政府的各项评估中获得了对自身努力结果的评价。在这一过程中,高校的处境往往是较为尴尬和无奈的。

(四)管理标准的错位

对高校教育管理质量的效果评估是一项重要的工作,但是,大量的事实表明,对高校教育质量的评估标准较为单一,且缺乏一定的科学性和可持续性。原因在于,现有的对高校教育质量的评估指标,即基本办学条件指标,往往以物质条件方面——学校的占地面积、楼房的建筑面积、实验室的资金投入等的评价为主,而对高校精神文化建设方面的评估却未能得到同等的重视。这样做的原因是非常明显的——物质条件因其外显性和可测量性,使质量评估更加直接和便捷;但这样做的后果是让人忧虑的——这种管理标准的错位,将对高校教育释放一个偏离主题的信号,高校对这一信号接收的时间越长、接收的效果越好,就越有可能逐渐失去其必要的人文精神,而人文精神载体的缺失对高校教育质量管理是极为不利的,因为它将强化一种不正确的价值趋向。

三、高校教育管理质量提升的创新模式选择

(一)知识管理

在知识的作用逐渐凸显的今天,在高校教育管理中实施知识管理显得十分必要,创新知识、应用知识是其最主要的目标之一。高校教育管理通过实施知识管理,能够最大限度地激发教职员工的积极性和主动性,通过个体学习和群体学习,能够推动知识不断增加并获得进一步的创新,而高校教育的优势和办学效益会在这一过程中得到正面的强化。实施知识管理的过程一般如下:对高校教育管理的各项制度进行系统学习;掌握和理解高校教育资源的分配原则;通过相应的激励手段,促使教职员工进行创造性的学习,并在学习的过程中对新知识进行分享与应用,以此来构建一个良好的、开放的、积极的高校教育的精神文化氛围,在这一氛围中,知识的转移、共享和创造变得顺其自然,有利于高校教育资源的整合和优化。

(二)柔性管理

柔性管理最初是企业管理学上的概念,实施柔性管理的组织,往往具有相对扁平

化的组织结构，组织的层级较少，管理幅度较大。在这种组织中，信息传递的速度和质量能够得到明显的提高，不同部门之间的沟通和交流会得到加强，组织的"柔性"也因此而显现。因此，在高校教育中实施柔性管理将对管理质量的提升产生一定的促进作用。为此，高校教育管理工作一方面需要对行政权力进行"淡化处理"，降低行政管理幅度；另一方面需要对学术权力进行强化，突出管理对象的主体地位。与此相对应，高校教育质量管理的效果评估也应采取柔性化的模式，通过与管理对象进行交流和沟通，双向选取适合的柔性评估机制，最大限度激发高校教育管理者和其他参与者的积极性和创造性。

（三）人性管理

对人的发展和需求的承认，是高校教育管理的至高境界。在长期的发展进程中，高校教育管理已经形成了一种特殊的规律，这一规律的出发点和落脚点都是师生的根本利益，因此，高校教育质量管理要重视对"人"及其需求的关注。在文化传播日益多元化的今天，各种崭新的文化理念和行为方式正潜移默化地影响着人类社会。从传统的角度讲，这些理念和行为多与"时尚"有关，并且这种"时尚"的力量非常强大，对高校教育质量管理思想的冲击持续不断。当然，可以想见的是，高校教育质量管理中出现的"时尚感"与对"效率"的追求有关。因此，在高校教育管理中，有必要及时地更新高校教育管理者的价值观念和思维方式，通过非制度化的创新实现对管理效能的追求。

作为一项复杂的系统工程，全面质量管理框架下的高校教育管理的创新，涉及对高校教育资源的有效利用和配置（甚至重置），为了实现管理的高质量，需要全面认识教育过程中存在的问题及其形成的原因，并根据高校教育的实际寻找解决的途径和方法。唯有如此，才能使高校教育管理的创新模式得到较好的应用，收获良好的效果。

第七章 高校教学管理的实践应用研究

第一节 办公自动化在高校教学管理中的应用

办公自动化在高校教学管理中的应用具有重要意义,其能建立信息发布平台,实现工作流程自动化,促进信息管理自动化,主要应用体现在公文管理、公共信息、个人办公、学生管理、在线交流等方面。办公自动化不仅可以规范教学管理,还能提高工作效率、降低管理成本,值得推广和应用。

随着工作节奏的加快和高校教学管理要求的提高,传统管理模式难以有效适应管理工作需要,不利于高效完成教学管理任务。而办公自动化正好适应这种需要,不仅能规范管理流程,还能节约办公成本,促进管理水平的提高,及时处理繁重的管理任务,因此越来越受到高校重视,其应用也越来越广泛。笔者在本节探讨分析了办公自动化在高校教学管理中的应用,提出了相应对策,希望能为实际工作的顺利开展提供启示。

一、办公自动化在高校教学管理中应用的意义

计算机技术的发展和进步推动了办公自动化的进程,对各项管理工作的开展产生了积极作用。高校教学管理也不例外,将计算机技术应用到管理中的作用体现在以下三个方面:

第一,建立信息的发布平台。利用计算机技术,可以在系统内部建立信息发布和交流平台,包括高校公告新闻、规章制度、技术交流等内容。对这些信息进行发布,方便教师和学生了解学校动态,更好地从事自己的本职工作。

第二,实现工作流程自动化。利用计算机技术,可以对高校管理进行实时监测和动态跟踪,增进不同部门的协调配合,相互形成合力,促进管理效率的提高。例如,对于公文处理和传达、工作任务上传和下达、交办工作完成等,都可以在自动化系统当中自动完成,只要严格遵循规范流程进行,就可以有效指导各部门的工作。

第三,促进信息管理自动化。传统手工模式下,文档的下发、上传、共享、使用、

保存等都比较慢,而且效率低、文档检索困难,难以提高检测工作效率。办公自动化实现了文档的电子化,能以电子文件的形式保存和保管相关资料,促进了信息资源的共享。使用者只需凭借登录账号和密码,就可以查看相关制度、工作流程等,按照要求完成自己的任务,节约了时间。另外,办公自动化还能辅助办公,如可用来进行会议管理、图书管理、物品管理等,推动这些项目管理水平不断提升。

二、办公自动化在高校教学管理中应用的对策

在开展教学管理过程中,应该将办公自动化有效应用到实际工作中,加强对各环节的管理,达到提高管理水平的目的。

公文管理。公文管理包括公文生成、公文流程、存档管理三个流程。公文生成后转化为电子文档,进行存储,方便发布、更新和查询。给公文配备相应的编号,大大便利了信息的获取,提高了管理工作效率,实现了办公无纸化,降低了管理成本。

公共信息。公共信息的主要任务是公告、新闻、通知的发布。在办公自动化系统支持下,只需要拟定好相关文件,根据设置的流程发布相关信息,用户登录系统之后就能获取信息,减少开会等中转环节,提高管理效率。

个人办公。该模块是基础模块,包括日常安排、日记、工作计划等功能,是高校管理中不可忽视的内容,对提高教学管理水平具有积极作用。系统录入数据之后,进行汇总和保存,方便以后查询,还能在不同部门之间进行交流,实现高校教学管理信息共享。

学生管理。根据学生管理需要,开发学生课程管理、成绩管理、出勤管理、档案管理、社会实践活动管理模块,掌握学生在校基本情况,对学生日常学习活动、参与社会实践活动进行跟踪和评定,有利于促进学生管理水平的提高,敦促学生更好地从事学习和实践活动。

在线交流。办公自动化便利了人与人之间的交流,能实现用户之间良好的沟通。在系统网络寻呼支持下,办公自动化实现不同用户、上下级之间的有效沟通,节约电话费,提高沟通效率,有利于高校不同部门间的联系,激发工作人员活力,提高教学管理水平。

三、办公自动化在高校教学管理中的应用效果

规范了教学管理。办公自动化系统的应用,大大便利了教学管理工作流程,方便

了数据流的传输，增加了学校管理部门和二级学院的联系，有利于领导及时处理和应对繁忙的公务，促进管理水平提高。同时降低了差错率，便于数据和信息及时传达，减少了中间环节，实现了有效规范教学管理的目的。

提高了工作效率。办公自动化系统便于通信、文件下发等工作，通过信息平台发布相关信息，便于教师和学生获取，便于会议组织、活动组织、考试组织、教学安排等各项工作；还减少了人工办公的复杂步骤，加快了工作流程周转，节约了时间、资源、人力，显著提高了教学管理效率。

降低了管理成本。实现远程办公，节省了车费和通信费，减少了传真、复印、打印费用，实现了无纸化办公，节约了成本，降低了不必要的开支，对高校教学管理的作用是十分明显的。

总之，在高校教学管理中应用办公自动化具有重要意义。在实际工作中，高校应该顺应这种趋势，完善系统开发，结合管理工作需要不断促进系统升级，使其功能不断完善，从而让系统在教学管理中得到更为有效的应用，达到有效提高教学管理水平的目的。

第二节　高校教学教务管理的信息化应用

高校教学教务管理信息化是高校教育现代化的需要。社会经济的发展，以及教学改革的不断深化，对人才培养提出了更高的要求，这就需要积极推进教学教务管理信息化，促进高校教育的现代化发展，更好地培养新型人才。在整个高校管理信息化中，教学教务管理信息化是基础，也是核心。近年来，随着高校教育的大众化，高校的人数不断增多，硬件基础设施和教学教务资源更加复杂多样，高校教育工作中的教学教务管理成为一项重要的工作内容，因此高校要充分利用信息化技术，不断提高教学教务管理水平。

教学教务管理关系着教学工作的顺利进行，教学教务管理信息化是高校教育面向现代化的重要标志，也是各高校信息化建设的头等大事。教学教务管理信息化就是充分利用现代信息技术，对高校的教学管理工作进行改善，进一步规范教学教务管理工作，提高管理水平。随着高校的扩招，教学教务管理人员不断增加，传统的管理手段已经无法满足工作需求，越来越多的高校进行了教学教务管理信息化的建设，以促进高校教育的不断发展。

一、高校教学教务管理信息化的必要性

高校教学教务管理信息化符合高校教育大众化的要求。随着高校的扩招,高校管理人数不断增加,教学信息快速膨胀,并且更加复杂多样,必须通过信息化管理,解决日益增长的复杂的数据。高校教学教务管理信息化,有利于高校管理工作的规范化和科学化,有利于提高工作效率和管理水平。当前,一些高校仍使用传统经验,管理教学教务工作,工作效率低、信息闭塞、准确性不高,还容易造成重复劳动,降低了资源的利用率。依托信息技术,不仅能够实现无纸化办公,节约人力、物力资源,而且能够大幅提高工作效率,提高信息的准确性。高校教学教务管理信息化是高校教育信息化的基础,也是实现资源共享的基础。信息是资源共享的核心,通过教学教务管理系统,教师和学生能够及时获取需要的信息,或者进行交流互动,实现教育信息化的目的,促进人才的培养,对数字化校园的建设也有重要作用。

二、信息化在高校教学教务管理中的应用

(一)依托管理信息系统开展教学教务工作

利用管理信息系统,能够将复杂的教学系统进行系统化管理,并且可以固化管理业务流程,实现多用户在线管理和无纸化办公。当前,不少高校还没有自己的教学教务管理信息系统。每所学校的教学教务管理模式、业务流程等均有差异,且相关专业人员的素质也各不相同,要应用信息化进行教学教务管理,就需要学校加强投入,重视开发教学管理系统。要加强对操作人员的培训,提高相关人员的计算机操作技能,避免不当操作,影响系统运行;要合理利用管理信息系统,规划业务管理流程,降低管理成本;要有无纸化办公的思想,利用系统资源实现数据共享,确保日常教学教务工作的运转。

(二)充分利用各种形式的信息化技术辅助教学教务工作

信息化技术包含多个方面,不仅有管理信息系统,还有平面技术、网站技术、校园移动通信技术、多媒体技术等。在教学教务管理工作中,学校要充分利用这些资源,辅助教学教务工作。比如,在新生选课中,依靠工作人员解释耗时耗力,可以利用平面技术进行课程计划图解,解决相关业务问题。近年来,网站开发技术不断发展,在数据资源展示和共享中得到广泛认可。高校可以配合网站技术,促进信息的流通,提高信息的准确性。当前,移动运营商开发出的校讯通技术,为教学教务管理提供

了一种新方式。多媒体在教学教务管理中发挥着重要的作用，对推动教学平台建设及教务管理有积极的意义。高校可以将多媒体技术引入教学工作中，集成众多课程的教学资源，提高整体教学管理水平。

（三）整合资源，拓展信息化管理的合作

从整体上来看，高校的信息化范围广泛，教学教务管理只是其中的一部分，教务系统和学校的财务系统、认识系统等，都是高校信息数据网络的重要组成部分。要加强高校教学教务管理，就应充分应用信息化，同时注重跨领域的业务合作，以及高校信息数据的共享。高校的人事部门管理着教师资源，并且具有专业性，因此在高校教学教务管理的信息化应用中，要拓展与人事管理部门的合作，实现数据共享，合理利用相关资源，提高管理水平。教学教务管理中的许多数据与财务管理有关，为财务管理服务，因此要注重与财务管理的合作，实现数据对接，利用信息化技术提高高校综合管理效益。

高校教学系统管理的信息化是一项长期的、复杂的工程，需要高校进行必要的投入，合理规划。高校要依据自身的实际业务流程和管理情况，建立科学的信息化教学教务管理模式，充分利用各种信息技术，促进教学教务管理工作的顺利进行，优化利用各种资源，实现与相关领域的信息化合作，提高学校的整体管理水平。

第三节 高校两级教学管理模式在排课中的应用

新时代，随着我国日渐深入的高校教育改革，多校区办学和高校合并给高校发展带来了巨大的发展机遇和挑战。作为一项基础性教学工作，排课管理是顺利开展高校日常教学的重要保障，因此受到高校校务管理工作者的高度重视。如何在高校两级教学管理模式下，构建一种高效而又科学的排课模式，是目前亟待解决的重要课题。各高校应遵循教学规律、教学资源利用、专业归属三项基本原则，采取相应的高校两级教学管理的排课策略，不断提升高校排课管理效率。

党的十九大报告，着重强调要协同推进教育体制改革，推动教育事业的发展。在高校教育内涵式发展的背景下，高校目前的主要工作就是加快内部办学质量改革。而高校组织和实施教学的主要依据就是课表，因此对课表进行科学合理的安排和执行，是构建良好的教学秩序、保障人才培养方案顺利实施的关键环节。随着高校教

育事业的不断发展，一级排课的管理方法已经无法与学校发展的需求相适应。高校教学管理改革的一种必然趋势就是构建二级教学管理体制。而如何构建一种既有利于形成良好的校风、教风，又能对高校教学管理制度的精神实质进行体现；既能将教师教学的积极性调动起来，同时又便于操作排课管理的管理体制，是需要教学管理人员认真探讨的问题。

一、高校实施两级教学管理模式的必要性

（一）两级教学管理是高校内部管理体制改革的一项重要内容

高校内部管理体制是一种根本性的组织制度，主要是指管理权限、机构设置和管理制度之间的关系。与教育规律相符，能促进社会经济的发展，是这种制度最大的优点。这种制度还能将广大师生工作和学习的积极性充分调动起来，使大学生生产力得到发展和解放，对人、财、物、信息等各种要素资源进行合理与有效的配置，进而输出最大效能。随着高校教育改革的日渐深入，人们更加关注高校内部管理体制改革问题。而广大教育工作者所面临的一项重大课题，就是如何构建两级管理模式，并将这种两级管理模式在排课中具体运用。

（二）两级教学管理是适应高校教育大众化要求的必然趋势

我国高校教育的大众化，不仅扩大了学生的规模，还急剧增加了教学管理的工作量。传统的管理体制以校级职能部门为主，已无法满足目前的管理需求。若是校级职能部门一直被各种烦琐事务缠身，对于学校发展和建设问题则没有更多的时间和精力去思索。因此，下放权力，使管理重心下移，是管理体制改革的关键，这就要求学校由集中管理模式转变为两级管理模式。

（三）两级教学管理是基于高校教育理念的转变

在市场经济大环境下，高校管理者应积极转变教育理念，从强制式管理转变为主动提供服务。而传统的以校级职能部门为主的管理机制，已经无法满足目前这种教育需求。同时，作为教学科研的实体，高校拥有较多的渠道与社会接触，为了将基础性教学管理工作做好，在社会服务、科学研究和人才培养上必须具有较强的自主性，才能培养出更多"精英人才"，进而对教育的社会化需求给予满足。高校培养具有更多创新精神人才的合理途径，就是不断创新教学管理体制，对校院两级教学管理模式进行完善。

二、高校两级教学排课的基本原则

排课是对课程的合理安排,具体是指在有限的资源下,利用系统操作,对教师、学生、教室等之间的关系进行协调。目前,高校排课中常见的错误包括教师冲突、教室冲突、班级冲突。系统智能排课为了更加合理化和人性化,就需要有效避免以上冲突的发生,对课程分布情况进行宏观的分析,合理优化组合班级、教师、教室、课程、时间之间的关系。为此,高校两级排课需要遵循以下基本原则:

(一)教学规律原则

高校在编排课表的过程中,需要对学生的接受能力和身心健康进行充分考虑,遵循教育教学规律和学生学习程序高低不一的特征,合理设置课表,保障课表编排的科学性。

(二)教学资源利用原则

高校在排课管理时,应将教室人数控制在 20 人或者 20 人以下,使教学班人数基本符合教室座位人数,保障在相同学习时期,相应教学班组具有相对固定不变的专业课程教学场地,以此对教学课程开展效率提供保障。

(三)专业归属原则

高校主要是为了满足教师工作需求,在开展两级教学排课的过程中,对特定的专业负责人员进行配置。而在开展相关专业教学时,也是选择具有丰富教学经验和较高学术水平的教师或者教授,同时实施专业归口管理,对本科教学质量提供保障。

三、高校两级教学管理的排课策略

(一)制订科学的开课计划

为了进一步深化改革,高校制订开课计划时应结合最新人才培养方案,以特色发展和内涵发展为着眼点,实现高校人才培养与行业发展的无缝对接。高校应将学生的个性发展和全面发展作为人才培养定位,结合整体知识结构,对新型课程教育体系进行创新和发展,以此对高校人才培养质量提供全面的保障。在实施两级教学管理体制后,人才培养方案主要是以各个专业自主完成的模式开展。由于受制于高校教学人员经验、师资等各个方面的因素,在大多数课程教学过程中,专门的教学人员很少,只有一两个专业具备,导致一些课程因为缺乏专业的教师而不能开课。由于课程设置不合理，高校全部专业课程不能在规定的时间内完成。同时，因为人才培养方案变动频繁，直接影响到高校排课工作。为了顺利开展课程教学，为高校排课效率提供保障，高校排课人员应结合学生学习情况、人员教学方案和师资储备情况，立足于最新的人才培养方案，预先制订前期开课计划。

（二）根据开课计划排课

校级排课人员在制订完开课计划之后，需要在相应的院校发放排课文件，以更好地指导下一学期排课任务。首先，在具体排课过程中，由教务处依据相应的顺序安排整个院校的上课地点。在将具体排课流程确定完之后，由学院级排课人员将本学院年级专业信息和下一学期的教学计划相结合，启动教务管理系统"教学计划及排课管理"模块，录入全年级专业课程信息情况。其次，课程编排的主要方式为两节联排，或者是单、双周交错教学的方式，避免三节或者四节连排而影响到教学效果。同时，与不同层次、不同性质专业的教学课程相结合，优先设置理论基础课程，然后再安排实验理工课程，并对二者的时间间隔情况进行控制，避免同一性质的课程在同一天或者连续几天开设，而影响到教学质量。最后，教学人员应在教务管理系统"教学计划及排课管理"模块，对本专业学院拟开课程教学人员进行详细记录，具体包括课程起止时间和上课人数。

（三）协调排课次序

在高校两级管理模式下，需要由校本部充分发挥主导作用，集中负责全部排课工作，合理安排排课时间和制订排课计划。在课表核对环节，为给整体课表的规范性和完整性提供保障，校本部在初步制定课表后，要与相应课程教学人员进行沟通，公开展示课表。为了确保其他课程与课表后期运行不出现冲突，相应课程教学人员也可自主登录教务系统，准确核对课程安排情况。在一定时间内，若是有恰当合理的理由需要安排和调整课程，则由校本部根据实际情况适当调整课表。

在高校两级管理模式下，实施集中管理能使教学资源利用率有效提高。所以，高校相关部门需要与高校两级管理排课要求相结合，根据课程教学规律，遵循专业归属原则，合理利用教学资源，优化设置课程开展的时间和位置等信息，使课程教学效果达到最佳，为形成良好的校风、教风提供保障。

第四节 人文关怀在高校教学管理中的有效应用

教学管理作为高校一项核心工作,受到各大高校的重视,各高校均在不断探索和研究教学管理新理念、新方法。高校教学管理的对象是人,人不仅是教学管理的目标,而且是教学管理的动力。因此,在高校教学管理工作当中,要适当融入人文关怀理念和方法,尽可能满足人的更高层次、更多元化需求。本节将研究和探析人文关怀在高校教学管理中的有效应用,旨在营造和谐、融洽的高校教学管理氛围。

人文关怀理念注重对人的关心、支持、尊重和激发,目的是实现人的全面发展。在高校教学管理中融入人文关怀,可以从一定程度上体现人性化管理与服务,激发学生参与学习的热情,充分发挥学生的主观能动性,为增强学生能力、提高学生专业素养、促使学生全面发展奠定基础。研究表明,人文关怀在高校教学管理中的有效应用,有利于高校教学管理整体质量和水平的显著提高。

一、高校教学管理中的人文关怀基本内涵

社会是由人组成的,人需要接受社会规则的约束。教师、学生是高校教学管理的基本组成元素,也是高校教学管理的目标对象。高校教学管理工作的有序开展离不开行政管理人员的参与,倘若能够融入人文关怀理念和方法,那么高校教学管理工作可以达到事半功倍的效果。所谓高校教学管理中的人文关怀,指的是在教育教学等管理活动过程中,教学管理人员要尊重教师与学生,崇尚个性解放和自由平等。人文关怀起源于西方的人文主义,目标是对人的价值作用的肯定与认可。人文关怀理念在高校教学管理中的有效应用,要求教师像对待亲人一样对待学生,展现善良的人性,体现人文关怀,打破传统僵硬、死板的模式。因此,人文关怀在高校教学管理中的应用具有一定的现实意义。

二、人文关怀在高校教学管理中的有效应用

(一)将人文关怀应用到课程设置中

对高校来讲,课程设置是教育教学工作的重点,也是教学管理中人文关怀应用的基本途径,在具体的应用过程中,需要对传统课程结构体系进行改进和优化,科学设置课程大纲及内容,切忌为追求教学进度而忽视课程内容的综合、全面设置。同时,课程设置要确保理论、实践比例均衡,使学生更易于理解和掌握,并学习到系统、全

面的知识。另外,课程设置要坚持以学生需求为导向,尽可能满足学生学习需求,适当设置选修课程,让学生根据自己的能力、爱好去自由选择,这样不仅有利于学生学习兴趣的提高,而且能够体现出人文关怀精神。

(二)将人文关怀贯穿到教学方法中

坚持"以人为本"的教学理念,采取以学生为主体的教学方法,所有的教学方法均围绕学生实际需求来建立。长期以来,我国高校教学过程中所采取的教学方法过于陈旧,填鸭式的教学方式仅仅简单阐述书本知识,将学生的考试成绩作为唯一的评价标准,这样的教学方式对学生的思想形成了一定的禁锢。人文关怀在高校教学方式中的贯穿主要体现在两个方面:一是人文关怀理念和方法的融入,在一定程度上起到激发学生兴趣、增强学生积极主动性的作用,学生只要精神层面得到满足,那么其学习过程就无须监督,学生在学习中的主体地位会完全体现出来,并且会在知识学习和理解过程中发挥主观能动性。通常而言,高校教学的重点不在于对课本知识的单纯讲解,而在于对学生思考、探索方式方法的培养,教师无法在有限的课堂教学中讲解完课本的所有内容,绝大多数课程内容需要学生自学,教师只要将自己理解最深刻、思考最成熟的知识讲解给学生,让学生从中掌握学习知识的要领,那么便是人文关怀的贯穿。二是高校教学管理现代化的目标要求之一就是创新教学理念和改进教学方法,建立双向互动的教学模式,让学生真正成为学习的主人,充分发挥自学能力,经常性地开展合作、参与学习活动,全面提升学生的自我研究和探索能力、创造学习能力和团队协作能力。另外,人文关怀在高校教学方法中的贯穿要体现出公平、民主、友好、和谐、平等的特点,教师要用心对待每一名学生,将学生视为自己的亲人,在相互交流和沟通中产生情感共鸣,建立和谐、融洽的师生关系,在默契配合中相互信赖与支持,确保教学任务得以圆满完成。

(三)营造良好的人文关怀环境

对于高校教学管理而言,人文关怀在课程设置、教学方法等过程中的有效融入和应用固然重要,但是与目标需求和实际对比依然存在较大差距,还需要营造良好的人文关怀环境。环境对于教书育人的重要性不言而喻,特别是人文环境的营造,对于提高教师综合素养和学生能力水平具有十分重要的现实意义。可以说,环境造就了一方水土,环境也改变了一方传统模式。著名学者朱小曼通过研究指出:"人文教育的内容不仅是知识,优秀的人才就是一本书,其经历就是书中的内容,在与人交流对话过程中，潜移默化地散发出所具备的知识气息。"对于高校教师来讲，一方面要在教育教学过程中融入人文关怀，在课堂上营造良好的人文关怀环境，体现出严谨的治学态度和崇高的理想品质，用良好的师德师风鼓舞和激励每一名学生，带领学生徜徉在知识的海洋中；另一方面要通过开展课外实践活动，营造良好的人文关怀实践氛围，让广大师生都怀有一颗开放、包容和关怀之心，在平等、自由的环境中相互学习、共同进步。另外，在校园文化中融入人文关怀，将人文关怀理念和精神融入整齐划一、清洁优雅、安静整洁的校园文化当中，让学生从中感受国家文化、民俗风情，从而更加热爱自然、向往美好。可以说，营造良好的人文关怀环境，将更加有利于人文关怀在高校教学管理中应用水平的提高，也有利于高校校园文化内容的丰富化和多元化。

（四）将人文关怀应用到心理课程

心理课程是高校教育教学的核心课程之一，高校十分注重对学生的心理辅导，倘若将人文关怀应用到心理教学方面，会对学生的心理产生影响，体现出特别的人文关怀情感。随着社会的快速发展，新时期的学生其心理会或多或少受到社会不良思潮的影响，高校学生普遍存在孤独、失落感，不仅影响到学生的学习成绩，而且影响到学生的身心健康发展。因此，高校必须从人文关怀的角度去关心学生、爱护学生，帮助学生走出心理障碍区。同时，在高校教学管理过程中，教师要结合学生心理状态，在思想交流和心理辅导过程中应用人文关怀，让学生从心理上完全接受教师，能够感受到教师给予的温暖和关怀，进而全身心投入到学习中，更好地报答教师、学校和社会。

综上所述，人文关怀应用到高校教学管理的方方面面，不仅有利于高校教育教学质量的提高，而且有利于良好教学管理秩序的维护和氛围的营造。高校教师只要正确应用人文关怀，便可以发挥其在教学管理中的价值和作用，体现出以人为本的人文关怀特征，最终使高校教学管理向科学化、现代化和多元化方向发展。

第五节　高校教学管理中激励理论的应用

教学管理工作是高校教育教学工作中不可或缺的重要环节，其质量和效率不但会对高校教育教学活动的成效产生直接影响，还会因此进一步影响到高校人才培养工作的质量。近些年来，随着激励理论的不断发展和完善，各大高校开始重视激励理论与教学管理工作之间的结合，并致力于推动激励理论在教学管理工作中的科学化应用。

本节研究的是激励理论在高校教学管理工作中的应用问题，首先简要阐述了激励理论的概念与内涵，然后在此基础之上进一步分析了激励理论在我国高校教学管理工作中的应用现状，并从应用适应性、应用方法和手段及应用环境等三个方面入手，提出了有助于激励理论在高校教学管理工作中有效应用的对策与建议，以期为高校教学管理工作的开展提供一定的参考。

一、激励理论的概念与内涵

实际上激励理论指的就是关于如何有效寻求人的真正需求点，并使之成为推动人行为的内外部支持力量的理论。激励理论被提出之后，在企业管理，尤其是企业的员工管理领域发挥了重要的作用，一系列的应用实践证明，激励理论在企业管理中的应用不但有助于激发企业员工的潜能，提高员工的工作积极性，还能够有效地提高整个企业的生产经营效率。目前，学术界研究的激励理论主要可以分为内容型激励理论、过程型激励理论和综合型激励理论三种，其中内容型激励理论的研究侧重点在于激发人行为的诱因和作用；过程型激励理论的研究侧重点在于分析对人的行为发挥重要影响的关键因素，也就是激励的具体过程；综合型激励理论则是内容型激励理论和过程型激励理论的综合，是美国行为科学家爱德华·劳勒和莱曼·波特提出的，并构建了关于综合型激励理论的模型。

二、激励理论在高校教学管理工作中的应用现状

激励理论最早是应用于企业管理领域的，随着其在企业管理领域应用成果的显现和激励理论自身的不断发展，国内很多高校开始逐步探索和尝试将激励理论应用于教学管理工作之中，以尽可能地提高高校任课教师的工作积极性、工作满意度和教育教学活动的质量。也正是因为如此，目前激励理论在国内高校教学管理工作中的应用已经逐步具备了一定的规模，并且在提高教学管理团队质量和教育教学活动质量等方面也取得了一定的成果。但是，由于现阶段激励理论在国内高校教学管理工作中的应用仍然处于探索的初级阶段，所以仍然存在诸多的问题。

首先是应用适应性方面的问题。由于激励理论最早是针对企业管理提出的，所

以其对象多是一般的企业。但是现阶段我国的高校多数都属于事业单位，不但校内各部门之间竞争的激烈程度和个人之间竞争的激烈程度相比企业而言要低得多，而且高校教师群体与企业员工群体也具有不同的特点。在这样的背景下，如果高校在教学管理工作中应用激励理论时，只是简单照搬如今企业中应用的激励理念和激励机制，必然会出现激励理论在高校教学管理工作中应用适应性的问题，使得激励理论的应用因为无法适应高校的特点和高校任课教师群体的特点而影响应用的质量和成效。

其次是应用方式和应用手段方面的问题。应用方式和应用手段是影响激励理论应用成效的关键。然而，综观现阶段激励理论在我国高校教学管理工作中的应用情况，可以发现，由于国内关于激励理论在高校教学管理工作中的应用实践和应用研究的起步时间比较晚，而且缺乏足够的理论支持，很多将激励理论应用于教学管理工作的高校均存在应用方式和应用手段过于单一的问题，忽略了高校任课教师在个人特点、个人需求、个人关注点等方面的多样化特征，因此影响了激励理论在高校教学管理工作中最终的应用成效。

最后是应用环境方面的问题。现阶段虽然激励理论在国内高校教学管理工作中的应用已经逐渐具备了一定的规模，但是并没有得到足够的重视与关注，以至于在激励理论的应用环境方面仍然有待进一步提升。之所以会出现这种情况，据分析主要是因为现阶段我国大多数高校重视、追求和关注的都是高质量的教学水平，因此也往往将关注点放在最终的结果上，却忽略了拥有高质量教学水平的基本前提是要充分激发学校教职工的工作积极性和工作热情，以至于并没有将激励理论真正重视起来，为激励理论在教学管理工作中的应用创造良好的应用环境。

三、激励理论在高校教学管理工作中有效应用的对策与建议

针对激励理论在国内高校教学管理工作中的应用现状，笔者特提出了如下几点有助于激励理论在高校教学管理工作中科学、有效应用的对策与建议。

首先，针对应用适应性方面的问题，要确保激励理论在高校教学管理工作中切实发挥自身的激励价值和积极作用，在将激励理论应用于高校教学管理工作实践之前，最为关键的一点就是要注意针对高校任课教师群体的特点和需求进行深入的调查与研究，并在此基础上对当前学术研究领域的激励理论和一般企业所采用的激励理论进行适当修正和完善，使之更加符合高校教师群体的特点，更契合高校教师群

体的实际需求。例如，多数高校任课教师都希望得到尊重，且非常重视工作中的职业荣誉感。根据高校任课教师群体的这一特点，在高校教学管理工作中应用激励理论时，就要注意不能简单地采用学生的分数和名次等来衡量和评价教师工作的优劣，或者是片面地将学生的成绩和分数作为教师晋级的依据，而要从教师工作的多个方面进行多层面的考量，通过制定完善的考评制度体系尽可能体现对教师的尊重，提高激励机制的科学性和合理性，切忌当面指责和讽刺挖苦。

其次，针对应用方法和应用手段方面的问题，为了改善现阶段激励理论在高校教学管理工作中应用方法和应用手段过于单一的问题，一方面应注意对不同类型的激励理论，如内容型激励理论、过程型激励理论、综合型激励理论进行深入的研究，在总结归纳各种不同类型激励理论各自优缺点的基础上，逐步实现各种不同类型的激励理论在高校教学管理工作中的灵活化、综合化运用；另一方面要注意通过多种不同的辅助手段和辅助措施促进激励理论在高校教学管理工作中应用方法和应用手段的丰富化。例如，在对高校教师群体进行激励时，既要注意采用多样化的物质激励措施，也要注意采用多样化的精神激励措施。只有从物质和精神两个方面同时入手，科学地对物质激励和精神激励进行权衡和安排，才能够实现最佳的激励效果。

最后，针对应用环境方面的问题，由于理论在实践中的贯彻落实必须要有一定的环境作为保障，所以，一定要注意营造良好的环境，以促进激励理论在高校教学管理工作中的有效应用。在为激励理论的应用营造良好环境时，可从如下三个方面入手：一是要从根本上将激励理论在高校教学管理工作中的应用重视起来，给予其应有的重视与关注；二是要注意因地制宜、因校制宜地采用合适的激励策略，制定科学的激励制度体系，为激励理论的应用创造良好的制度环境；三是要注意在校内营造适合激励理论应用的人文环境，通过人文环境的营造增强高校教职工，尤其是管理者对激励理论的心理认同感。

第六节　OA系统在高校教学管理中的应用

OA系统属于一种综合技术，是基于科学技术打造的办公系统，应用OA系统可以减少手工差错，提高管理水平和管理效率。要采用网络化、信息化进行教学管理，深化高校的管理模式时，管理人员需要加强学习，不断提升自身素质，熟练掌握办公系统，才能更好地为教学提供服务，让教学管理向信息化方向发展。

OA系统是先进科学技术的产物，其对信息资源的充分利用，可以让教学管理质量不断提升，使得管理水平不断提升。在对高校进行教学管理时，一定需要管理软件的支持，才能对教学中的信息快速有效地进行管理。

一、OA系统在高校教学管理中应用的必要性

高校教学实施的管理工作集结教学等多方面的综合信息，对这些资源实施有效的管理并加以控制，能够准确地分析教学的具体状态，针对教学的具体情况制定一个合理的管理决策，能够维持教学工作顺利开展。只有对教学做好管理，才能够进一步对教学展开研究和管理，使得教学管理质量不断提升。近年来，高校教学工作中需要处理的教学信息不断增多，以往的管理方式已经满足不了这种复杂的教学管理，高校需要对管理模式有效进行改革，对新型的技术不断采用。以往的管理模式往往比较局限，对人们的创造力及想象力具有一定的限制，完全将人的智慧埋没，从而让人们耗费大量的精力对复杂的工作进行处理。对先进的工具进行应用，代替手工已经是发展的必然需求。利用OA系统来实施高校的教学管理能够适应人们普遍的需求，可以让教学管理不断向现代化迈进。

二、OA系统对高校管理人员的素质要求

高校教学管理中OA系统无处不在，贯穿整个网络办公环境。OA系统在不断的应用和推广中，对高校管理人员的素养也具有较高的要求。

加强办公自动化管理的学习。当今时代是信息化时代，掌握现代化办公手段已经是大势所趋，是每个教学管理人员的一门必修课程。办公现代化会深度改变教学管理模式，使学校管理人员的管理方式也发生改变。OA系统在高校教学管理中的应用推动高校向现代化的领域发展，给教学管理提供极大的便利，使得教学管理从比较烦琐的工作中解放出来，使工作质量迅速提升，使教学管理更加规范化和科学化。高校教学中的管理人员一定要高度认识到加强学习办公自动管理的重要性，除了掌握基础的办公软件之外，还需要掌握比较复杂的系统处理，以实现信息的快速传递和交换。

不断提升教学管理人员的自身素质。管理人员需要不断提升计算机操作功能，积极地参加各种业务培训，有计划地学习办公自动化方面的知识，并在具体的教学管理中不断探索和摸索，掌握各种办公自动化方面的技能，只有自身具有较强的自

动化办公能力，才能够对 OA 系统运用自如。

三、OA 系统在高校行政管理中的应用

OA 系统的核心是办公信息处理技术，主要是采用多种软件功能对办公信息实施处理，实现管理工作的智能化。办公工具一律采用电子化，办公中的活动一律采用数字化。OA 系统可以让高校管理人员迅速地掌握大量的教学信息，可以让决策人员的决策更加准确，能够给信息提供十分有力的保障。

内部可以搭建信息网，对办公平台进行协同，能够及时对信息进行发布，还可以提供信息交流的场所，从而使组织内部的信息交流十分通畅。给每个部门不同的人员设置不同的权限，每个部门可以利用网络获取和工作相关的信息，使得信息可以自动化传输，对信息进行获取的时候具有一定的便捷性。能够实现跨平台的信息集成，对其他的应用系统进行集成，利用程序进行定制，对现有的业务信息系统进行访问，对工作的环节进行有效缩减，让办公效率不断提升。高校各个部门都存在一些流程化的工作，利用 OA 系统可以让工作流程实现自动化，方便对文档进行查询、对流转的过程进行实时监控，全面改进不同岗位之间的协同能力，提高工作效率。

开发语言、数据库。利用 OA 系统可以对语言进行开发，并对数据库进行开发，因为 OA 系统不但具有可维护性，还具有技术支持能力。对这方面具体展开应用，OA 系统具有较大的先进性，属于一种十分先进的技术体系。后台中的数据库更是能够发挥巨大的功能，可以运用浏览器进行请求服务，有逻辑地对客户的请求做出反应，依据具体服务器中的数据给客户提供具体的服务。

角色权限管理。从工作流的角度进行分析，利用角色权限管理可以将整个业务过程划分为任务、角色，由具体系统的管理人员对操作权限进行有效分配，并对其进行管理，从而构成整个集成系统。

语音、视频技术的应用。对语音、视频技术加大应用，对内部信息加强有效交流，使得文件的传递具有及时性。对 OA 系统实施具体的整合，使得应用入口能够统一，使得系统的使用可以更加方便和快捷。

在线编辑。OA 系统具有多种功能，可以在线实现编辑，还可以实现全文批注。即使用户对电脑输入不够熟悉，也完全可以利用手写板将其写进设备中，从而实现对公文实施在线审批，对文件资料进行在线编辑。

移动技术应用。无线通信技术在不断发展，用户完全可以利用手机对系统中的各种信息进行处理，在线对各种事务进行审批。

综上所述，高校教学管理中应用 OA 系统是必然趋势，利用 OA 系统进行管理可以使工作效率不断提升，让高校的教学管理更加规范化，向着现代化的目标发展。因此，高校中的管理人员一定要全面提高自身的素质，掌握办公软件的各种管理技能，不断提升工作效率和工作质量，推动教学管理向现代化的方向发展。

第七节　高校教学管理中计算机技术的应用

在计算机技术不断提升的今天，计算机技术已被应用到高校教学、学生管理的各个方面，进一步促进高校教学管理向智能化管理的方向发展，为高校教学管理提供很大的便利，促进高校教学管理质量和效果的提高。在高校教学管理中应用计算机技术，可以为教学管理提供更大的网络保障，让高校教学管理变得更加高效，满足社会发展对高校教学管理的要求。

信息化时代的到来，对高校教学管理质量的提高起到了积极的促进作用，将计算机技术应用到高校教学管理中，可以更好地满足新时期对高校智能管理水平发展的需要，为高校教学管理工作者带来极大的工作便利。

一、高校教学管理中计算机技术的应用价值

第一，应用计算机技术，能够促进高校教学管理中的课程安排、图书馆等系统数据之间的融合，使得管理者可以及时了解课程安排和图书馆之间存在的信息问题，进而更好地解决问题，提升信息与信息之间的交流，也可促进高校智能化教学管理效率的提高。

第二，在新时期背景下，高校教学管理可以利用计算机技术构建信息交换与互通平台，并将高校中与学生和教育教学有关的信息与资源分享到平台中，教师和学生可以通过教学平台，获取开放性的学习资源和学习内容，有利于改变高校教学管理单一落后的管理方式，使得高校教学管理向多元化方向发展。在应用计算机技术的过程中，高校教学管理也可以通过计算机技术来了解和整合社会发展的最新信息和教学要求，进而根据最新要求制订具有针对性的教学计划，实现高校教学管理信息与外部信息之间的互通。除此之外，高校教学管理还可以利用计算机技术，来收集

和整理学生与教师以及课程教学的各类信息,并对相应的教学管理数据进行全面分析和统计,指出教师教学和学生学习中存在的问题,进一步构建符合教务管理需求的教学系统总体框架,更具有实效性地对教学工作和学生工作进行管理,让教学管理工作更加透明,提高高校教学管理质量。

第三,在社会快速发展的过程中,学校师生和员工可以通过网络技术来获取学习资源和最新的网络信息。为更好地满足师生和员工在生活、工作以及学习方面的需求,需要高校教学管理使用计算机技术,将最新的教学目标和管理目标,通过计算机技术构建的网络平台分享给广大师生和员工,有利于减少高校课程安排、人员管理以及教学考评工作方面的工作量。高校利用信息技术可以对课程安排、人员管理以及教学考评工作进行全面的计算和分析,在提升管理效率的同时也可促进相关运算时间的降低,让高校教务管理、人员管理变得更加灵活,为促进高校智能化发展奠定良好的基础。

二、高校教学管理中计算机技术的应用现状

(一)管理理念有待提升

在应试教育理念的长期影响下,很多高校和教育机构的教学管理普遍采用传统的管理方式对学校的一切事务进行管理,因此,在教学管理中应用计算机技术时,普遍存在管理观念有待提升的情况。虽然很多高校都对使用计算机技术产生了兴趣和积极性,但在具体应用的过程中,依然采用和持有传统观念,缺乏对计算机技术的创新及网络平台的构建,并且对现代计算机技术的接受和运用能力还有待提升;在具体教学管理过程中,对计算机技术的使用过于表面化,未深入研究计算机技术在高校教学管理中的应用价值,缺乏对高校计算机及信息化建设的有效支持,进而造成高校教学管理在应用计算机技术时,很难满足具体工作需要,导致高校教学管理中计算机技术的应用较为滞后,不利于提高高校教学管理工作的质量和效率。此外,管理理念有待提升还表现在高校使用和应用计算机技术时,未有效结合高校自身发展过程中的办学特点和教学管理特点,存在高校教学管理应用计算机技术照搬照抄"先进"管理模式的现象。这种情况不利于促进高校教学管理和基础服务水平的提升,也很难更好地发挥出计算机技术应用到教学管理中的优势和作用。

（二）缺乏必要的管理人才

在新时代背景下，很多高校的教学管理逐渐向时代性和前瞻性的管理方向发展，其目的是促进自身教学管理水平的提升。高校在应用计算机技术对教学进行管理时，存在缺乏必要管理人才的现象。由于高校管理人员在年龄层次方面存在较大的差异，不同管理人员有不同的管理方式和方法，因此在应用计算机技术的过程中，年龄较大的高校管理人员受新技术接受和运用能力有限的因素影响，在具体工作时缺少相应的计算机知识和专业技术，进而使高校教学管理中应用计算机技术的效率很难提升到理想的目标。

而且部分高校还缺乏对计算机技术专业人才的培养和培训，未向高校教学管理工作者传授更多计算机智能运用的经验和管理方式，在引进相关人才方面，还缺乏一定的积极性和主动意识。在缺少必要管理人才的情况下，即使高校教学管理工作者有很强的传统管理方式、经验和方法，但由于缺少相应的计算机技术和智能化管理经验，也会造成高校教学管理质量和效率的降低。

（三）忽视网络安全问题

当前，在高校教学管理中应用计算机技术存在忽视网络安全问题的现象，其主要原因是高校教学管理工作者管理意识不足，对网络安全问题缺乏重视，在应用计算机技术的过程中未建立健全完善的信息化管理体系，未投入必要的计算机硬件和技术，从而使计算机技术管理过程存在漏洞和不足，进一步导致信息泄露和文件损毁等问题的发生。另外，应用计算机技术需要加强对内部和外部网络安全系统的监测与管理，但由于很多高校这方面管理方式的缺失，最终导致高校教学智能化管理的安全受到威胁，降低了应用计算机技术管理教学的效率和质量。

三、高校教学管理中计算机技术的应用路径

（一）改变传统教学管理理念

为更好地促进高校教学管理效率的提高，需要在应用计算机技术时对传统教学管理理念进行创新和转变，明确应用计算机技术的价值和意义，提升对计算机网络技术使用的重视，以此来打破传统教学管理的模式。

在改变传统教学管理理念时，可以加强对计算机技术应用方式方法的学习，积极对计算机技术应用到高校教学管理中的作用和价值进行宣传教育，不断提高高校师

生对计算机技术应用到教学管理中的正确认识，充分将高校教学管理与计算机技术的应用相结合。

在应用计算机技术的过程中，也可以采用开展信息化管理讲座活动的方式，为高校教学管理工作者和师生渗透更多的计算机技术应用经验和技巧，不断丰富高校教学管理工作者应用计算机技术的知识，提升高校教学管理工作者的计算机能力和信息化素养。例如，在高校教学管理中应用计算机技术时，可以结合计算机技术中的虚拟操作系统，实现对多课程环境的支持与管理。如虚拟操作系统中的Redhat Linux 虚拟系统，将多元的教学管理内容系统部署在不同的虚拟机上加以启动，有效地实现了高校教学管理中通过虚拟的网络环境进行网络管理和网络实验。

在高校教学管理系统中，也可以应用 MIS 技术，对大量的数据输入、输出及加工进行系统处理。通过 MIS 技术可以对高校教学管理中的学生信息和学生成绩进行公布计算，也可以对教师教学效果的趋势进行分析，提高计算机技术应用到教学管理中的质量。

（二）提高管理人员信息化水平

进行高校教学管理工作时需要提高管理人员信息化水平，才可让高校教学管理工作者应用计算机技术时，具有一定的专业能力和综合素养，从而更好地满足信息化时代背景下高校教学管理应用计算机技术的需求。

高校要加强对教学管理工作者计算机技术和信息化管理水平的培养与训练，不断完善教学管理工作者的计算机专业知识和计算机应用技能，让高校教学管理工作者更好地胜任应用计算机技术来进行教学管理的工作。

为更好地实现高校教学管理的信息化管理，需要在提高管理人员信息化水平的同时，加强对相关管理人员信息处理能力的提升，进而让高校教学管理工作者可以通过计算机技术更好地处理复杂和信息量较大的教学管理工作，整理好高校教学管理在课程安排、学生管理以及教务人员管理方面的相关数据。

在提高管理人员信息化水平的过程中，学校还要积极构建以信息技术为基础的师生互动教学平台。例如，在教学平台中可以设置网络辅助学习知识模块，充分将教学管理中的相关课程知识融入网络学习模块中，发挥计算机技术网络平台中线上提问、线上测试和讨论学习的功能，更好地实现管理人员通过信息化管理方式与学生和教师进行资源共享与互动。

(三)构建完善的信息数据库

在信息化发展过程中,虽然计算机技术为生活和管理以及工作带来了便利,但是也存在相应的网络安全问题和弊端。在高校教学管理中使用计算机技术时,最需要关心的一点就是网络安全问题,如果缺乏对网络安全问题的重视,那么势必会导致信息泄露及信息损毁等问题的发生,不利于全面实现高校智能化管理目标。因此,需要高校在应用计算机技术进行教学管理工作时构建完善的信息数据库,让高校教务管理中的信息数据库更加开放,更好地实现高校教学管理工作中各个信息之间的在线共享和相互统一,也有利于促进高校教学管理各部门之间的工作沟通,让计算机技术应用到高校教学管理中的优势发挥出来。例如,在应用计算机技术进行教学管理时,高校可以采用HTTPS、POS或加密VPN等方式,对教学管理系统和相关信息数据库增加相应的访问限制管理程序,对相关信息数据库和管理软件进行管理程序的权限设置,同时还要有效地对身份验证和登录的次数与时长进行限制,从而有效避免IP地址遭受攻击,防止高校教学管理中相关数据信息泄露。

总之,高校教学管理在应用计算机技术时,存在很多不足和弊端,为更好地促进高校教学管理的信息化发展,需要结合计算机技术的优势,加强对教学观念和教学管理理念的转变,提高对网络安全和数据安全的重视,以更好地满足教学管理工作的需求。

第八节 社交软件在高校教育教学管理中的应用

社交软件具有直观形象、资源丰富、便于操作、节省时间的特点,目前已经在高校的教育教学管理中进行了广泛的应用和普及,但是在利用社交软件进行教学管理的过程中也暴露出一些新情况、新问题,因此高校要通过科学引导、强调纪律、经常维护管理、搭建积极平台等措施不断强化社交软件在教育教学管理中的应用。

随着市场经济的迅速发展和网络技术的日益普及,高校教育教学管理中对社交软件的利用越来越普遍,甚至成为不可或缺的教学工具。在充分享受社交软件便捷服务的同时,如何克服社交软件管理中的漏洞,充分利用社交软件,结合传统教学手段,不断提高教学效率,进而培养出高素质、能适应社会需求的综合能力突出的大学人才,是学校和教师必须面对的课题和义不容辞的责任。

一、社交软件在高校教育教学管理中的应用现状

目前在高校中应用最广泛的社交软件就是微信、QQ和微博,有的学校还开发出本校的校园网APP软件。这些社交软件的主要应用方式和环节有:在课下学习交流活动中,一些教师通过建立微信群、QQ群等方式,把相关教学内容和资料分享到群里,让学生在茶余饭后利用碎片时间,根据个人学习进展情况进行浏览复习,不断提高时间利用效率;有的教师和管理员通过在QQ或微信里建立班级群,安排布置教学作业,督促辅导学生消化所学知识,及时在群里传达学校最新通知和有关要求;有的教师和管理员通过学校建立的APP平台,把最新发生的、具有典型意义的教学案例和安全注意事项推送到平台上,组织大家讨论交流,让学生获知最新消息和前沿知识,对日常安全提高重视和警惕。少数院校利用APP平台开展教学评价活动,借助社交软件让广大师生摆脱纸质评价模板的束缚,学校教务部门利用手机APP实时组织评价,学生通过手机APP实时动态地反馈学习听课意见和所需所求,减少了中间工作人员的统计环节。

二、社交软件在高校教育教学管理应用中存在的问题

(一)部分教师过度依赖社交软件进行教育教学管理

越来越多的教师和管理员体验到了利用社交软件进行教育和教学管理的便利之处,因此也存在过度依赖的倾向。一些教学活动本该由教师和学生在教室内面对面地开展,但是一些教师图省事就把相关教学任务发到群里,组织学生讨论、提意见,失去了面对面交流的氛围和情境。还有一些辅导员把谈心谈话和经常性促膝谈话也变成了QQ和微信文字或者语音聊天,使得思想政治工作的实效性大打折扣。

(二)部分教师的信息知识结构不尽完备

一些岁数较大的教师,尽管经过了个人努力的学习,但由于对信息化教学辅助工具不够熟悉,思想观念相对比较传统,习惯于传统的粉笔、黑板等教学道具,所以在利用社交软件等信息知识结构方面还不是十分完备,在利用社交软件进行教育和教学管理时还有一定的抵触情绪。

(三)社交软件的管理维护不理想

在QQ、微信等社交软件在教学管理应用的初期,学生具有很强的新鲜感,群里

比较热闹,互动交流也比较多。但是时间一长,学生便渐渐失去了新鲜感,对群里教师和管理员的通知和要求,不能做到及时回应,有的群甚至变成了"僵尸群"。一些教师和管理者虽然在群里通知过了、要求到了,但是由于学生不及时回复,使得教师和管理者对各项通知和要求是否真正通知到了学生、是否真正入心入脑,并不掌握。由于管理维护不理想,容易造成传达上的误会和失误。

（四）利用不好则影响学生的正常学习

从严格意义上讲,利用社交软件交流沟通是教育中的重要组成部分,具有良好的发展前景。但在社交软件上聊天需要有相应的时间做基础,一些学生却利用社交软件谈恋爱、聊天等,没有把时间和精力放在学习上,对学习内容涉及较少,在一定程度上对学生的学习造成了影响。

三、对社交软件在高校教育教学管理中应用的思考

（一）加强对社交软件应用的指导和规划

高校要加强对社交软件在教学应用中的规范和统一,制定管理办法,并根据每年的实际情况进行局部调整,以素质教育和创新教育为重点,分年度研究解决社交软件应用的重点、难点问题,不断寻求利用社交软件辅助教学改革新的突破口。定期进行教育思想研讨活动,每年选择一两个与社交软件相关的专题,在师生中深入开展教育思想研讨活动,不断强化现代教育理念。适时邀请相关专家教授来高校做社交软件和信息技术辅助教学的教育理论和教学改革学术讲座,有针对性地组织外出参观调研,定期组织学习研讨,通过各种途径和方式,使教师了解社交软件目前在高校利用的发展形势,跟上教育改革的时代步伐。

（二）合理开发应用,积极启发思考

教师和有关管理人员在建立社交群之后要经常进行引导和互动,在运用之前进行认真调试,保证能够正常使用。在社交群内发布制作的课件和采用的信息化手段要充分考虑学生的需要和特点,积极发挥启发的作用,引导学生积极进行思考;要进行合理规划,把社交软件教学管理手段和传统教学管理手段有机结合,充分发挥教师的教育引导作用,在师生积极互动中不断提高教学管理效果;通过社交软件教学管理手段,让学习更加直观形象、方便快捷,让学校和班级更具有感染力。此外,有条件的学校和教师还可以利用社交软件为学生进行远程视频授课交流,提供在正常

教学过程中无法实现的教学环境，通过这些新技术的应用，可以增强课堂趣味性，有效激发学生的学习兴趣和创造力，积极搭建网络互动平台，拓宽高校教育教学管理途径。在教学管理中，学校和教师可以建立专门的微信群、QQ群、百度云等平台，把有关的学习资料及时发到群里或者平台上供学生学习使用和交流讨论；要在校园网上及时开辟相关教学专区，组织教师和学生积极参与、及时更新，发布学习资料和励志故事，使学生在浓厚的学习氛围中潜移默化地提高；建立手机APP教学平台，方便学生查阅资料、观摩案例。通过拓宽教学的信息传播途径，为培养高素质人才打下良好的基础。

（三）加大信息化建设经费投入，完善信息化硬件设施

虽然目前各级院校都在强调社交软件等信息化手段在教学中的重要性，一些院校也进行了一些投入和建设，但毋庸置疑的是，在一些高校教学中信息化手段的运用还有差距，学校缺乏Wi-Fi等硬件设施，学生考虑到自身信息流量的费用问题，对设计的软件不能充分利用。建议校方积极主动适应信息化、网络化的时代要求，进一步提高对高校信息化教学建设的重视，不断加大信息化建设经费的投入力度，对免费Wi-Fi等硬件载体逐项完善；要强化资金使用管理，建立信息化建设资金使用台账，确保专款专用。教育主管部门和院校要把社交软件等教学信息化手段建设作为单位和教师年度目标考核的重要内容，形成有针对性的目标考核体系，不断促进教学信息化手段的建设。各级院校要加强图书信息资料建设，通过社交软件的存储传输功能，丰富信息图书馆藏书，增加学生自学所需的图书资料，进一步完善高校论文撰写数据库建设，做好电子阅览室扩建工作，实现图书馆信息网络系统升级，通过社交软件进行阅读交流，提高图书馆信息资料保障能力，为学生自学创造条件。

（四）加强教师信息素养培养，熟练掌握社交软件教学应用环节

虽然近年来高校教师的信息素养有了很好的提升，但是离学生的需求还有差距，尤其是岁数较大的一些教师，对社交软件等信息化知识掌握得较少，对社交软件还不能熟练操作，习惯传统的一根粉笔、一块黑板的教学模式。各级院校要注重加强对教师信息素养的提高，要加大对相关信息化专业人才的引进力度。对新聘用的年轻教师，要增加计算机和网络管理相关知识的考核，积极选调精通计算机、网络技术以及APP等软件制作的教学人才；要积极引进对信息化设备管理维护的人才，加强平时的使用管理和日常维护；对稍微年长的老教师，要坚持问题导向，及时制订培养

计划，通过组织送出去到信息专业院校进行培训、邀请信息专家来院校授课培训、组织社交软件等教学信息化手段运用好的教师登台谈经验等方式，逐步加强对教师信息化素养的培训，从而使教师熟练掌握社交软件辅助教育管理的各个环节，不断提高高校利用社交软件教学管理的成效。

（五）加强学生学习管理，提高社交软件的使用效率

把学习管理作为社交软件教学管理的主要内容。学生在校的主要任务是学习，通过在社交软件中经常提醒，弘扬正能量，让学生形成良好的思想品德和行为习惯，获得知识和技能。在利用社交软件教育的同时必须把学习管理作为主要内容，采取思想政治教育、引导学习方向、开展学习竞赛、交流学习经验、恰当进行奖惩等科学的方法和手段，端正学生利用社交软件的目的，激发学习热情和学习兴趣，培养学习品质，充分调动学生学习的积极性、主动性，引导学生不断改进学习方法，为学生创造良好的学习条件，增强学生的学习效果。同时要注意研究新时代学生管理的新特点，结合社交软件的利用，坚持科学管理与严格管理相结合、统一要求与个性发展相协调、行政管理与学习管理相统一，改变"家长式""保姆式"的管理方法，积极探索适应素质教育、创新教育要求的交流管理模式，为学生的全面发展提供必需的时间和空间，营造既严格正规又生动活泼的人才成长环境。

总之，社交软件在教育教学管理中的应用是无法阻挡和回避的趋势，也是学校和教师进行教学管理的重要内容，因此学校和教师要加强学习，不断掌握利用社交软件辅助教学的技能，从而适应信息化新时代对高校人才培养的新要求。

第九节　案例教学在高校工商管理专业教学中的应用

随着我国社会经济的不断增长，我国社会对人才的要求标准也越来越高，这就对我国教育事业提出了新的要求及标准。在这样的时代背景下，对我国教育事业进行改革势在必行。案例教学作为一种新的教学方法开始被应用到工商管理专业教学之中，对工商管理专业的教学工作起到了很大的促进作用。有鉴于此，笔者在本节浅谈案例教学在工商管理专业教学应用中存在的问题，并在此基础之上提出几点解决措施，期望对我国工商管理专业教学的进一步发展有所帮助。

案例教学这一方法最早起源于美国的哈佛大学，其主要内容是将案例作为教学

材料，以此为基础在课堂上创造出一个教学情境，在教师的引导下通过教师与学生之间的交流以及学生的独立思考，在有效培养出学生分析问题和解决问题能力的同时有效地提高了学生的应用能力。和传统教学方法不同，案例教学更加注重培养学生的综合素质，其核心就在于用理论知识对学生进行指导，最终目的是解决现实中的实际问题。虽然案例教学方法在我国高等院校工商管理专业中应用得非常多，但调查研究显示，教学效果却并不是很明显。有鉴于此，如何加强案例教学法的教学效果就成了当下我国工商管理专业工作人员亟待解决的一个重要问题。

一、案例教学方法的特点

（一）理论与实践并重

通过案例教学方法可以将工商管理专业教学中的理论和实践有机结合起来。这主要是因为案例教学方法中选取的教学案例都是在企业发展过程中实际发生过的案例，而工商管理专业的教学通过案例进行教学可以让学生在研究分析现实中的案例的过程中，找出其中问题所在，并通过研究探讨找出解决方法。如此一来，在加深了学生对于理论知识印象的同时也有效锻炼了学生的实践能力。

（二）教学方法多样化

在工商管理专业教学工作中应用案例教学方法可以有效培养学生的应用能力和创造能力等多方面的综合素质。在进行教学的过程当中，教学方法也呈现出多样化趋势，如案例预分析、小组讨论以及课堂讨论等多种教学方法，让学生得到了充分的思考空间，有效培养出了学生的创造性思维，同时培养出了学生举一反三的应变能力。

（三）师生互动

案例教学方法是一种互动式教学方法，在该教学方法中，教师的作用主要是引导学生，将学生的学习积极性和互动性充分发挥出来，学生则从传统教学方法中的被动地位转变为主动思考和积极参与，有效改善了传统教学方法中教学内容枯燥无聊的缺点，在激发出学生学习积极性的同时有效加深了师生之间的关系，提高了教学效率。

二、高校工商管理专业案例教学存在的不足

（一）案例资源时效性较差

案例资源时效性较差是当前我国工商管理专业案例教学的主要缺点之一。经调查研究显示，当前我国工商管理专业课堂案例教学之中的教学案例大多是几年前的管理实例，这些案例无论是时效性、针对性还是代表性相对来说都比较差，已经无法满足当前我国工商管理教学工作的创新性要求。在当前我国工商管理专业案例教学中，教师在选择教学案例的时候，绝大多数是从书籍、报刊以及网络等渠道搜索的，其中许多案例都是国外 MBA 之中的教学案例。虽然从这些渠道找到的案例可以使学生对工商管理方面的专业知识有一个深入的了解，但是由于缺乏时效性，从而导致案例教学缺少严谨性，而国外 MBA 中的案例由于和我国的企业文化有较大差异，使得学生无法对这些案例中的内涵完全理解，最终导致案例教学方法的教学效果不佳。

（二）教师综合素质不足

现如今我国工商管理专业的教师绝大多数是高校毕业生，学历普遍比较高，但是大部分存在着教学年龄不足及工商管理实践经验不足的问题。此外，在当前我国工商管理课程教学中，绝大多数教师的教学内容都偏于理论化，在进行案例教学的时候，由于教师自身不具备足够的教学经验及实践经验，导致其无法对案例进行一个严谨的组织和控制，也无法充分发挥出教师引导者的作用。除此之外，教师每天的工作量很大，导致他们缺乏足够的教学研究精力，在案例教学工作准备阶段，相应的组织能力、控制能力较为缺乏，又由于教师对于案例教学的重视程度不足，最终也会导致案例教学方法教学效果不佳。

（三）学生综合素质不足

由于我国高校教育大众化，高校学生的录取标准相较以往有了一定程度上的放宽，这就导致存在着部分学生的学习基础较差、专业适应能力较差以及积极性不足等综合素质不佳的问题。而高校学生在进行工商管理学习的过程当中，由于绝大多数学生经历过高考之后本身的学习精力大大下降，学习积极性严重不足，部分学生在面对案例教学的过程当中，采用记笔记的学习方法，没有对案例进行深入思考，在进行讨论的过程中也没有积极参与，最终导致案例教学效果不佳。

三、提高案例教学质量的措施

（一）加强案例资源的整理和编辑

在工商管理专业案例教学中，案例的选择对教学效果有决定性的影响。因此高校领导要充分认识案例教学的重要性，从而对案例教学的应用重视起来，同时高校还可以招聘案例教学专业人员成立案例教学研究小组，专门整理、编辑和收集工商管理的案例，借此有效保证案例的时效性。此外，教师在进行案例教学的时候，一定要注意案例资源和实际教学之间的关联性，对于不同的案例采用不同的教学方法，比如，采用具备地方特色的案例资源进行教学的时候，就需要以高校所处的环境和实际需求为出发点，选取具备地方特色的案例资源，借此有效吸引学生的注意力，提高案例教学的教学效果。

（二）提高教师的专业素养

想要提高案例教学的效果，工商管理教师就必须具备广阔的知识面、丰富的实践经验和娴熟的教学技巧。因此，高校必须加强工商管理教师的培训工作，将工商管理教师培养成有丰富理论知识和实践经验的高素质教学人才，对此高校需要做到以下三点：第一，案例教学教师在开展教学工作中一定要经过专门的培训，在进行案例教学的时候能够对案例教学中的教学理念、教学方法了如指掌，同时将理论与实践有效结合起来，提高教学效率；第二，教师一定要对案例教学有着十分深入的了解，因此高校应当通过组织教师进修和资助教师参与案例教学培训，借此有效提高工商管理专业教师的专业教学能力，高校还可以通过和企业开展合作的方式让教师去企业做管理工作，提高其实践能力；第三，高校需要加强工商管理教师之间的合作学习，借此有效提高教师的专业能力，保证案例教学的教学效果。

（三）激发学生的学习兴趣

高校在进行案例教学的过程中要注意激发学生的学习兴趣。工商管理教育的最终目的就是培养学生的管理能力、分析能力和实践能力，因此教师在教学过程中应当营造出一个以学生为主体的教学氛围，引导学生对问题进行思考和分析，帮助学生克服懒惰心理，同时通过多样化教学来激发出学生的学习兴趣，有效提高教学效果。

随着我国社会经济的飞速发展，企业对人才的要求标准也越来越高，除了要求人才具备丰富的理论知识之外，还要求人才具备充足的实践经验，传统工商管理专业的教学方法无法满足这一点，而案例教学则可以有效达到这一目的。因此，我国各大高校应对当前工商管理专业案例教学中存在的缺点进行研究分析，找出解决措施，将案例教学的效果完全发挥出来，为国家培养出更多理论与实践并重的高素质人才。

参考文献

[1] 刘宇,虞鑫,许弘智等."双创"背景下创新教育的实践、效果与机制研究[J].现代教育技术,2015.25(11):106-112.

[2] 陈从军,姚健.双创背景下高校辅导员工作的思考与探索[J].科技创业月刊,2016.29(13):64-65.

[3] 刘国余.会计双语课程柔性教学模式探析[J].商业会计,2016(24):119-121.

[4] 杨思林,王大伟,唐丽琼等."双创"背景下高校课程考试改革的思考[J].教育教学论坛,2016(46):77-78.

[5] 许彩霞.创新创业背景下应用型高校人力资源管理专业实践教学体系改革研究[J].鸡西大学学报,2016.16(4):23-26.

[6] 马一铭.大学生自主创业的困境与对策分析[D].西安理工大学,2015.

[7] 黄杰."许昌模式"背景下大学生创新创业教育模式探索[J].决策探索,2016(18):38-39.

[8] 孙海英."双创"背景下文科大学生创业现状、机遇及对策分析[J].成都航空职业技术学院学报,2016.32(4):15-18,22.

[9] 张格,高尚荣.以高职生学习动力机制为导向的高职教育教学改革[J].江苏科技信息,2016,(34):37-39.

[10] 吴颖珊.高校教育教学改革的动力机制探讨[J].重庆科技学院学报(社会科学版),2012,(01):165-167.

[11] 曹月盈.高校计算机基础教育创新教学模式探究——评《高校计算机教育教学创新研究》[J].教育评论,2017(5):166.

[12] 荆媛,唐文鹏.新时代下高校思想政治教育教学方法创新研究——以主旋律歌曲为视角[J].中北大学学报（社会科学版),2017,33(1):65-68.

[13] 周湘林.以学生学习为核心的高校教师教学评价方法创新研究[J].现代大学教育,2017(1):93-97.

[14] 华宝元.教育管理学四大范畴视角下高校体育教学管理创新研究[J].广州

体育学院学报，2017，37（1）：107-109.

[15] 李小兵.互联网媒体视角下高校体育教学创新研究[J].赤子（下旬），2017(1).

[16] 吴小川.高校音乐教育教学模式的创新研究[J].魅力中国，2017(1).

[17] 王天恒.从毕业生质量追踪探究高校学校本科教学改革[D].西南交通大学，2007.

[18] 王淼.我国高校教育改革模式研究[J].教育现代化，2016，3(27)：284-285，288.

[19] 苗峰.高校课堂教学管理现状及对策研究[J].兰州教育学院学报，2015.

[20] 李友良,何勇.高校教学管理信息化的现状及对策[J].教育与职业，2015.

[21] 柳亮.高校教学管理人员继续教育现状及对策[J].继续教育研究，2014.

[22] 王廷璇.浅析高校教学管理现状及改革对策[J].新西部，2011.